DIÁLOGOS SOBRE A
CLÍNICA PSICANALÍTICA

Blucher

DIÁLOGOS SOBRE A CLÍNICA PSICANALÍTICA

Marion Minerbo

Diálogos sobre a clínica psicanalítica

3ª reimpressão - 2020

Fotos da capa: Inês Maria

Blucher

Rua Pedroso Alvarenga, 1245, 4º andar
04531-934 – São Paulo – SP – Brasil
Tel.: 55 11 3078-5366
contato@blucher.com.br
www.blucher.com.br

Segundo o Novo Acordo Ortográfico, conforme 5. ed. do *Vocabulário Ortográfico da Língua Portuguesa*, Academia Brasileira de Letras, março de 2009.

DADOS INTERNACIONAIS DE CATALOGAÇÃO NA PUBLICAÇÃO (CIP)
Angélica Ilacqua CRB-8/7057

Minerbo, Marion

Diálogos sobre a clínica psicanalítica/ Marion Minerbo. – São Paulo: Blucher, 2016.
214 p.

ISBN 978-85-212-1074-0

1. Psicanálise I. Título

16-0526 CDD-150.195

Índices para catálogo sistemático:
1. Psicanálise

Conteúdo

Agradecimentos

Agradeço, em primeiríssimo lugar, aos analisandos, supervisionandos e colegas que generosamente autorizaram a publicação de material clínico.

Agradeço a todos os meus jovens colegas, interlocutores preciosos e inspiradores desses diálogos: os participantes de meus seminários na Sociedade Brasileira de Psicanálise de São Paulo, o grupo de estudos de Curitiba, o grupo do Bolo e meus supervisionandos. Agradeço-lhes muito especialmente por me concederem o privilégio e o prazer de compartilhar parte de seu percurso.

E também aos queridos amigos com quem compartilho as alegrias e as inquietações da vida e da psicanálise: o grupo de quarta, o G5 e o Terceira Margem. É maravilhoso conseguir conversar de maneira tão produtiva com analistas de todos os quadrantes.

A Claudia Berliner e José Antonio Sanches de Castro, pela amizade e pelo apoio de sempre.

A Luís Claudio Figueiredo, pela interlocução, leitura, críticas, sugestões e companheirismo. Sem sua constante presença no computador ao lado do meu, durante tantos fins de semana, não teria sido possível dedicar-me à escrita com tanto prazer.

Agradeço muito especialmente a Marina Massi, editora do *Jornal de Psicanálise* (2013-2016), publicação do Instituto de Psicanálise Durval Marcondes, da Sociedade Brasileira de Psicanálise de São Paulo. Quando lhe mostrei um texto sobre transferência escrito em forma de diálogo com um jovem colega, ela exclamou: "é um achado!". Com sua fina intuição e visão editorial, anteviu um projeto onde eu via apenas um texto. Incentivou-me a propor e desenvolver outros temas básicos, criando, com o apoio e dedicação da equipe editorial, a seção "Diálogo com um jovem colega". A ela minha gratidão por ter dado forma ao informe.

Para começo de conversa

Este livro, inteiramente escrito em forma de diálogo, está embasado nos meus últimos dez anos de experiência na transmissão da psicanálise. Uma convivência intensa e bastante próxima de analistas em formação na Sociedade Brasileira de Psicanálise de São Paulo, mas também de outras cidades e grupos de estudo independentes, tornou-me sensível ao tipo de dúvidas e de dificuldades mais frequentes. A escolha dos temas, a ideia de trabalhá-los na forma de perguntas e respostas e a decisão de ancorar todos os diálogos em material clínico refletem essa minha trajetória.

A posição a partir da qual escrevo é de empatia com as angústias de quem se dispõe a ser (eterno) aprendiz de feiticeiro e praticante de um ofício impossível. Os embates teórico-clínico-emocionais de meus interlocutores mais jovens me remetem, naturalmente, ao meu próprio percurso. Conversar com o outro, colocando-me em sua pele, é a ambiciosa proposta deste livro.

Para tanto, a linguagem coloquial me pareceu ser a melhor maneira de transmitir ideias complexas de forma simples, evitando incorrer em simplificações e em concessões. O texto tenta ser leve e rigoroso ao mesmo tempo. Apoiando-me em uma base freudiana comum a todos nós, psicanalistas, procurei, sobretudo, evitar jargões, de modo a conseguir conversar com colegas das mais variadas orientações teóricas.

O livro é composto por seis diálogos sobre os seguintes temas: transferência, escuta analítica, trauma e simbolização, pensamento clínico, sofrimento neurótico e sofrimento narcísico. A fala do jovem colega aparece sempre em itálico, enquanto a minha está grafada em fonte normal. Muitas vezes nos divertimos, o colega e eu, com pequenos chistes, observações bem-humoradas e risos. Posso dizer que nos tornamos amigos – eu, pelo menos, me afeiçoei muito a ele!

O primeiro diálogo começa assim:

"Olá, caro colega! Você me disse que gostaria de conversar sobre temas ligados à formação clínica de um psicanalista, e que preferia que os temas surgissem ao vivo, das próprias conversas, sem agenda prévia. Acho ótima a sua proposta. Com que tema gostaria de começar?"

"Gostaria de começar com a transferência. Sei que, juntamente com o conceito de inconsciente, são os dois pilares sobre os quais se apoia a psicanálise, diferenciando-a de outras formas de psicoterapia. Sei também que transferência é muito mais do que a simples reedição de sentimentos do passado na relação com o analista."

Não apenas aqui, mas ao longo de todo o livro, uso a expressão criança-no-adulto para me referir ao inconsciente, cuja manifestação concreta é a transferência:

"Quando a criança-no-adulto está 'adormecida', quando é o adulto quem está sentindo, pensando e agindo, com as rédeas na mão, então, é uma relação comum. Quando a criança-no-adulto toma as rédeas em uma relação qualquer, quando é ela quem está sentindo, pensando e agindo, aquela relação está marcada pela transferência."

O colega e eu fazemos um "intervalo para um café" antes de falarmos sobre a contratransferência.

O diálogo seguinte é sobre escuta analítica e começa com uma fala do jovem colega:

"*Sei que a clínica depende inteiramente de um tipo de escuta que é diferente da escuta do senso comum, e que a formação psicanalítica é essencialmente a formação dessa escuta. Para falar francamente, acho que é a parte mais difícil da formação.*"

Concordando com ele, respondo-lhe: "o que diferencia o psicanalista de outros psicoterapeutas é a especificidade de sua escuta, e a formação em psicanálise é a formação de uma escuta peculiar, vivida e transmitida na própria análise, nos seminários clínicos e nas supervisões". Procuro mostrar como a extensão do campo da psicopatologia psicanalítica – da neurose para o funcionamento psicótico, e deste para as várias formas de sofrimento narcísico-identitário – foi exigindo do psicanalista a extensão dos modos de sua escuta. A escuta contemporânea é uma escuta polifônica, necessária para acessar as diferentes formas de expressão do inconsciente – em outros termos, para sintonizar com as vozes das diferentes crianças-no-adulto.

Abro o terceiro diálogo sobre trauma e simbolização com a seguinte ideia:

"O aparelho psíquico pode ser pensado como um aparelho de digestão e metabolização de nossas experiências emocionais, que funciona 24 horas por dia (ainda que de maneira incompleta) [...]. Pois bem: o efeito clínico do trauma é interromper esse processo em algum ponto". Em seguida, o jovem colega comenta: "*Isso quer dizer que o trauma primário bloqueia a simbolização primária e o trauma secundário impede a simbolização secundária.*" E eu respondo: "Se eu tivesse que resumir em uma frase o objetivo do trabalho analítico, seria oferecer condições para que o paciente possa realizar seu trabalho de simbolização do traumático."

No quarto diálogo, procuro transmitir a ideia e a importância do pensamento clínico na condução de uma análise.

Logo após uma vinheta extraída da clínica do jovem colega, em que a análise parece rodar em falso, eu lhe digo o seguinte: "Primeiro, você tem toda a razão em querer sair do plano do consultor sentimental para ocupar seu lugar de analista. Não parece que algo esteja lhe escapando: falta-lhe um pensamento clínico – um pensamento que, sensibilizado pela teoria, brota inteiramente da interpretação dos dados da clínica e lhes confere alguma inteligibilidade".

E, então, me empenho em mostrar-lhe como o pensamento emerge da clínica, articula história de vida e história da análise, integra teoria e clínica e orienta o analista na condução do processo.

Nos diálogos cinco e seis, procuro resgatar a importância da psicopatologia psicanalítica falando sobre o sofrimento neurótico (diálogo cinco) e o sofrimento narcísico (diálogo seis). O diálogo sobre sofrimento neurótico é inédito e bem mais extenso do que os demais, o que nos obriga a fazer dois "intervalos para um café". O diálogo é iniciado por uma pergunta do jovem colega:

"Então, para começar, você poderia me explicar para que serve a psicopatologia?"

"Ela serve para articular a clínica à metapsicologia, quer dizer, o singular de sua clínica ao universal que você estuda nos livros [...]. Pois, para nós, diferentemente da psiquiatria, mesmo as formas de vida mais complicadas, que certamente produzem enorme sofrimento psíquico, precisam ser vistas como a melhor solução que o sujeito encontrou, com os recursos de que dispunha ao longo do seu desenvolvimento, para lidar com seu sofrimento psíquico. Em outros termos, a psicopatologia estuda as determinações inconscientes de certo modo fixo e sintomático de se interpretar a realidade, bem como as formas de se organizar/desorganizar frente a essa interpretação."

Como todos os temas são básicos e estão intimamente interligados, há um diálogo entre os diálogos. Cada um deles remete o leitor aos outros, e certas ideias aparecem de maneiras diferentes em vários momentos. Como foi dito, todos os diálogos estão inteiramente calcados sobre material clínico. Algumas poucas situações clínicas se repetem, mas sempre recortadas em função do tema daquele diálogo.

Com exceção do quinto diálogo, os demais foram especialmente concebidos para o *Jornal de Psicanálise*, publicação do Instituto de Psicanálise da Sociedade Brasileira de Psicanálise de São Paulo (SBPSP). A seção "Diálogo com um jovem colega" foi idealizada pela editora Marina Massi e por sua equipe editorial (2013-2016). Sem isso, este livro não existiria. A eles, novamente, meus profundos agradecimentos.

1. Transferência

Olá, caro colega! Você me disse que gostaria de conversar sobre temas ligados à formação clínica de um psicanalista, e que preferia que os temas surgissem ao vivo, das próprias conversas, sem agenda prévia. Acho ótima a sua proposta. Com que tema gostaria de começar?

Gostaria de começar com a transferência. Sei que, juntamente com o conceito de inconsciente, são os dois pilares sobre os quais se apoia a psicanálise, diferenciando-a de outras formas de psicoterapia. Sei também que transferência é muito mais do que a simples reedição de sentimentos do passado na relação com o analista.

É verdade. De tanto ser repetido, o termo "transferência" corre o risco de ser esvaziado, levando à banalização do conceito. Por exemplo, há certa tendência de se pensar a transferência como sinônimo de "relação com o analista", esquecendo-se de que o analista é, e ao mesmo tempo não é, a pessoa com quem o paciente se relaciona. Ele empresta a sua pessoa, isto é, sua *matéria psíquica*, para dar vida e corpo a outra "pessoa": um aspecto da figura parental com quem o psiquismo do paciente continua enroscado ainda hoje.

A tendência de se reduzir a transferência à relação com a pessoa do analista pode nos fazer esquecer os fatos clínicos enigmáticos que levaram Freud a formular o conceito, situando-o, a partir de *Recordar, repetir e elaborar* (1975g), no coração da clínica. Quando isso acontece, a própria possibilidade de reconhecer a transferência na clínica vai se esvaindo. No limite, podemos perder de vista até mesmo a necessidade desse conceito.

Como você bem lembrou, há uma *articulação indissolúvel entre os conceitos de transferência e inconsciente. A transferência é uma manifestação do inconsciente*; e o inconsciente, que em si mesmo é incognoscível, manifesta-se (também) como transferência. São conceitos fundamentais no duplo sentido de fundar o próprio campo psicanalítico e fundamentar nossa prática clínica.

Em 2012, publiquei um livro chamado *Transferência e contratransferência*, no qual faço uma brevíssima revisão histórico-crítica do conceito. Se hoje me disponho a tratar novamente deste tema é porque, de lá para cá, ele continua amadurecendo em mim. Não apenas tenho pensado em coisas novas, como também quero abordá-lo de uma maneira diferente.

Que bom! Começo, então, com uma pergunta óbvia: como você definiria transferência?

Para definir transferência, vou começar lembrando rapidamente as duas concepções de inconsciente que Freud postulou ao logo de sua obra.

Quando se dedicava ao estudo das neuroses, Freud descreveu o mecanismo de defesa chamado recalque, que incidia sobre as fantasias de desejo (libidinais e agressivas) incompatíveis com a moralidade vigente e seus ideais. Essas representações formavam o inconsciente recalcado.

Mais tarde, quando começou a pensar sobre o sofrimento de pacientes que apresentavam o que ele chamava de neuroses narcísicas – basicamente, paranoia, melancolia e masoquismo, que são formas de funcionamento psicótico –, criou um segundo modelo do aparelho psíquico. Nele, postulou outro tipo de inconsciente, o isso, ou inconsciente pulsional.

Que seria uma espécie de reservatório pulsional, na fronteira entre o psíquico e o somático.

Sim, lembrando que estamos falando da pulsão em estado selvagem, não ligada por representações. Ao contrário do inconsciente recalcado, em que as fantasias são uma forma de representação, aqui, as experiências vividas não chegaram a ser conscientes, ou seja, não foram representadas. Não foi possível atribuir um sentido ao percebido. As marcas deixadas por essa situação traumática são clivadas. Elas ficam fora do aparelho psíquico e precisam primeiro ser representadas para depois poderem entrar na corrente da vida psíquica.

Em outras palavras, a representação precisa ser criada na situação analítica.

Perfeitamente. O essencial é entender que essas duas defesas, recalque e clivagem, negativam, retiram da vida psíquica, pedaços da história emocional impossíveis de serem metabolizados pela criança, que assim se tornam inconscientes. A transferência é a atuação (positivação) dessa negatividade.

Podemos, então, dizer que o que será transferido são os inconscientes – o recalcado ou o pulsional clivado?

Sim, e serão transferências clinicamente distintas; neste caso, falamos em transferência neurótica e transferência psicótica ou narcísica. Elas exigirão do analista uma escuta diferente e, também, uma forma diferente de intervir na clínica. Mais adiante, vou apresentar dois exemplos que esclarecem essa ideia.

A transferência narcísica estará ligada a experiências traumáticas precoces, acontecidas quando a capacidade de interpretação ou de metabolização da criança ainda é muito limitada. De modo simplista, seria algo entre 0 e 4 anos de idade. Já a transferência neurótica está ligada às representações de desejo ligadas à travessia edipiana; nesse caso, a criança teria entre 4 e 6 anos de idade.

A idade em que operam essas defesas são importantes para introduzir a noção de criança-no-adulto, outra forma de falar do infantil ou do inconsciente.

O que é a criança-no-adulto?

É uma espécie de *cicatriz viva* da personalidade, testemunho da situação traumática, das angústias e das defesas que tivemos que usar ao longo de nosso desenvolvimento psíquico. Como você sabe, uma situação traumática é o conjunto de experiências emocionalmente excessivas, geralmente vividas na relação cotidiana com o objeto primário, que ultrapassam a capacidade de interpretação do sujeito na época em que acontece. As marcas psíquicas deixadas por essa situação têm, então, dois destinos possíveis: o recalque e a clivagem.

Vamos ver se eu entendi. O recalque e a clivagem são uma cicatriz porque correspondem às marcas deixadas pela situação traumática. A cicatriz é viva porque se manifesta o tempo todo como transferência. A transferência neurótica é a cicatriz viva do recalque, enquanto a transferência narcísica ou psicótica é a cicatriz viva da clivagem.

Entendeu perfeitamente! E olha que não são ideias simples de serem apreendidas!

O fato é que o resto da mente "amadurece", mas uma parte continua "verde", fixada no tempo, sentindo, pensando e agindo como na época em que se produziu aquela cicatriz. Essa parte é a criança-no-adulto, também denominada "o infantil" ou "o inconsciente".

Em certas relações – e na situação analítica isso sempre acontece –, essa parte "verde" (recalcada ou clivada) será "acordada" e tomará as rédeas do funcionamento psíquico. É ela que lerá o mundo e reagirá a essa leitura, o que tende a produzir algum tipo de "quiprocó". Veja só: em latim, *quid pro quo* quer dizer "aqui no lugar de lá", "agora no lugar de então". Em português, quer dizer confusão, turbulência. A transferência produz "quiprocó" justamente por causa do *quid pro quo*!

(Risos.) E qual a diferença entre uma relação comum e outra que está marcada pela transferência?

Quando a criança-no-adulto está "adormecida", quando é o adulto quem está sentindo, pensando e agindo, com as rédeas na mão, então, é uma relação comum. Quando a criança-no-adulto toma as rédeas em uma relação qualquer, quando é ela quem está sentindo, pensando e agindo, aquela relação está marcada pela transferência. Outra maneira de dizer a mesma coisa, que você já deve ter ouvido, é que a transferência é o retorno do recalcado ou do clivado, que infiltra a situação atual.

Note que a transferência sempre produz confusão e turbulência na vida da pessoa, porque o aqui e o agora estão sendo confundidos com o lá e o então. E a situação analítica é feita especialmente para acordar e dar voz à criança-no-adulto, ou melhor, dar voz ao sofrimento da criança-no-adulto. A formação analítica serve, entre outras coisas, para formar essa escuta peculiar, diferente da escuta comum, fora do consultório. Que tal dedicarmos nossa próxima conversa a essa forma de escuta?

Ótima ideia. Você falou em cicatriz viva, que é uma imagem poderosa. Mas o que vem a ser isso em termos metapsicológicos?

Excelente questão. A cicatriz é uma identificação inconsciente, histérica ou narcísica, que se constitui em complemento a uma identificação inconsciente atuada pelo adulto. Note que há identificações que são integradas e passam a fazer parte do eu, mas há outras que não são integradas e fazem parte do inconsciente – ou dos inconscientes, melhor dizendo. Apenas essas serão transferidas, justamente porque não estão subjetivadas. Fazem parte do psiquismo na condição de corpo estranho, mas não estão integradas ao eu, isto é, ao eu entendido como sujeito dos atos psíquicos – como pensar, sentir e agir.

Identificações integradas e não integradas? Difícil de entender isso...

Tem razão. Por isso, é melhor usar o termo *incorporação* (ABRAHAM; TOROK, 1995) para falar sobre as identificações que estão presentes no psiquismo na condição de corpo estranho e reservar o termo *identificação* para tudo aquilo que herdamos da geração anterior e que se tornam nosso patrimônio psíquico por meio da integração. Eu preferiria falar em incorporação histérica e narcísica, se o uso já não tivesse consagrado o termo identificação também para esses casos.

O que são identificações histéricas ou narcísicas? Como se constituem?

Para pensar a constituição das identificações, levamos em conta a transmissão transgeracional da vida psíquica entre três gerações. Vamos chamar de *geração I* a dos avós; *geração II*, a dos pais; e *geração III*, a da criança-no-adulto, que está em análise.

Imagine que a geração II não resolveu algum elemento ligado ao Édipo com a geração I. Fantasias de desejo, libidinais e agressivas, foram recalcadas. Elas serão atuadas, ou seja, transferidas, para a geração III. A identificação histérica se constitui como resposta a essa transferência.

Espere um pouco: os pais fazem transferência com/para seus filhos?

Exatamente! A geração III será convocada a exercer um papel complementar ao desejo recalcado da geração II.

Explique isso melhor, por favor.

Imagine que um pai da geração II não resolveu o seu Édipo invertido com seu próprio pai e recalcou as fantasias de desejo passivas em relação a ele. A cada vez que seu filho (geração III) fizer uma aproximação amorosa, ficará angustiado e responderá afastando o garoto. O que ele vai entender dessa transferência neurótica, que o coloca como personagem de uma história que não é a sua? Que sentido poderá atribuir ao rechaço? Talvez entenda que não é amado; poderá acreditar que isso se deve a suas próprias insuficiências. Essa posição subjetiva – posição psíquica a partir da qual ele vai ler o mundo e a si mesmo – "fixa-se" como identificação histérica, que configurará o desejo e a sexualidade do sujeito. É uma cicatriz viva, porque produzirá efeitos de transferência neurótica pela vida afora. Talvez passe a procurar o amor de homens mais velhos.

E a identificação narcísica?

Algo semelhante acontece com tudo aquilo que diz respeito à constituição do eu da geração II na relação com a geração I. A diferença é que as questões narcísicas não resolvidas implicam outro mecanismo de defesa, a clivagem. A geração II atuará o inconsciente clivado com a geração III, que será convocada a fazer parte de uma cena que não lhe diz respeito. Ela se verá convocada por uma transferência psicótica e responderá constituindo uma identificação narcísica complementar a essa transferência.

Poderia dar um exemplo?

Claro! Imagine uma mãe da geração II, que não tenha conseguido se separar psiquicamente da própria mãe. Ainda está em uma posição de dependência em relação a ela ou de submissão às suas injunções, incorporadas na forma de um supereu cruel. Quando tiver um filho, talvez não consiga se ligar a ele porque ainda está ligada à sua própria mãe. Nesse caso, o bebê será visto como um fardo e se sentirá um fardo. Ou seja, ele se identificará com o lugar complementar à transferência psicótica que a mãe faz com ele. Essa identificação é chamada de narcísica porque diz respeito à constituição do eu.

Bem interessante essa forma de pensar a constituição do inconsciente, tomando em consideração três gerações! Realmente, faz sentido pensar que a geração II faz transferência de seus próprios aspectos inconscientes – resultado dos recalques e das clivagens que precisaram ser feitos na relação com a geração I – com a geração III.

Naturalmente, essa convocação é feita de modo totalmente inconsciente. Como a criança da geração III não tem condições de dar sentido a uma convocação que não lhe diz respeito, nem pode se furtar a ela, ficará enganchada às suas figuras parentais por meio das identificações/incorporações constituídas nessa relação intersubjetiva. Percebe o caráter traumático da transferência que os pais fazem inconscientemente com seus filhos?

Sim, e também como isso é inevitável. Não adianta a gente se culpar pelo DNA psíquico que transmitimos aos nossos filhos.

Você disse que os pais, inconscientemente, convocam os filhos para realizar um papel complementar em relação às suas questões edipianas e narcísicas. Poderia explicar melhor?

Imaginemos que o adulto atue com a criança uma identificação com forma convexa. Ela responderá a essa convocação por meio de uma identificação complementar em côncavo. A demanda do adulto pode ser mais ou menos imperiosa, conforme ele esteja atuando um aspecto mais psicótico ou mais neurótico. Quanto mais psicótico, mais o psiquismo da criança será necessário para escorar o narcisismo do adulto, mais tenaz será o enganchamento.

Em outros termos, o inconsciente da criança se constitui lá onde o adulto fez algum tipo de transferência com ela. A criança-no-adulto é a parte do psiquismo que não evolui juntamente com o resto, pois não consegue se desenganchar da parte do adulto – quer dizer, da identificação – que lhe deu origem. Note que a criança-no-adulto, ou melhor, as crianças-no-adulto, terão várias idades, dependendo do momento em que tais identificações se constituíram em resposta – e em complemento – à atuação do adulto.

É essa cena, na qual estão enganchados um aspecto da criança e um aspecto do adulto, que não pode ser integrada. Permanece encravada no psiquismo na condição de corpo estranho – o inconsciente recalcado ou o inconsciente clivado/pulsional – e será repetida sintomaticamente pela vida afora. A transferência é uma tentativa de recriar essa cena com outras pessoas, em outras situações.

Você disse que isso produzirá confusão ou quiproquó. Mas como vamos saber se a criança-no-adulto foi acordada e tomou as rédeas em uma situação qualquer?

Pela tonalidade afetiva com que a relação é vivida. A realidade fica "assombrada", porque está infiltrada por elementos traumáticos que provêm de outra época, de outro lugar, e têm a ver com outros personagens. Quando o traumático é transferido para uma cena atual, ela passa a ter uma tonalidade afetiva peculiar, estranha – estranhamente familiar, como disse Freud, em 1919 (FREUD, 1975e). O adulto pressente que algo ou alguém nele tomou conta da situação, pois seus sentimentos, comportamentos e mesmo palavras passam a ter um caráter enigmático. A pergunta que ele se faria, se pudesse, seria: de onde me vem isso?

Pode me dar um exemplo?

Márcia estava no restaurante com seus filhos esperando pelo marido, que, como sempre, se atrasou porque estava envolvido com seu *hobby*. Os filhos fazem um comentário depreciativo sobre o pai, mas Márcia pede que eles não digam nada para não estragar o almoço. Um minuto depois, ele chega. Sem qualquer aviso prévio, "algo nela" começa a brigar com o marido, acusando-o de ser egoísta, estragando o almoço. É uma situação de absoluto estranhamento, pois ela não queria fazer isso de maneira alguma. Sentiu-se possuída por forças demoníacas, ou melhor, *foi agida* por elas.

É uma excelente maneira de descrever o isso! Realmente, Freud (1975c) não poderia ter dado outro nome a essa instância em seu segundo modelo do aparelho psíquico!

Muito bem nomeado, não acha? Bem, mas não consigo achar palavra melhor do que "assombrada" para falar da situação atual quando ela está infiltrada pela transferência.

A transferência torna as situações bem-assombradas ou mal-assombradas?

As duas coisas podem acontecer! Acho que o amor à primeira vista é um caso de relação bem-assombrada. Alguma característica do objeto acorda a criança-no-adulto, ativando traços mnésicos de um estado de apaixonamento anterior. Um tom de voz, o jeito, o fato de que o objeto ocupe um lugar de autoridade ou de cuidador, enfim, qualquer coisa pode acordar a criança-no-adulto, contanto que essa "qualquer coisa" tenha conexão com um aspecto de um objeto amado e desejado do passado. Essa seria uma situação de retorno do recalcado, uma transferência neurótica – muito embora também haja apaixonamentos psicóticos ligados a experiências clivadas.

Mas há situações mal-assombradas. Em muitas relações conjugais, algo que um parceiro diz ou faz o torna mal-assombrado para o outro, e vice-versa. Você pode imaginar o sofrimento causado pelas transferências cruzadas. Vou lhe contar um fragmento da análise de Márcia, que mostra claramente o momento em que a criança-nela é acordada por algo que o marido disse. Pressentindo a repetição do trauma, ela fica aterrorizada e reage com ódio.

Você está falando da transferência que as pessoas fazem no cotidiano. Não é algo que acontece só com o analista.

Não mesmo. Mas é só com o analista que ela poderá funcionar a favor da elaboração, e não apenas da repetição, como acontece na vida. Acho que está na hora de um exemplo que esclareça tudo isso.

Márcia conta que, no fim de semana, teve duas experiências muito diferentes com seu marido. Na primeira, teve uma reação normal, mas na segunda, teve um "piti", chegando a arremessar um prato na pia. Diz que não consegue entender o porquê dessa diferença de atitude. Já falei desse caso em um trabalho no qual apresentava algumas contribuições de René Roussillon para o pensamento clínico contemporâneo (MINERBO, 2013a).

Primeira situação: o marido lhe telefona de Paris para dizer que fez uma burrada tão grande que precisava contar para ela – o horário de seu voo era 0h20 de sábado, e não do domingo! Ele teria de comprar outra passagem, voltar de classe econômica e ir trabalhar na segunda-feira, depois de uma noite mal dormida. Ela achou graça na confusão, disse que coisas assim acontecem, "bola pra frente".

Segunda situação: na noite da segunda-feira, ela e o marido estão analisando a planta elétrica da reforma do apartamento. Uma tomada está em um lugar que ele não entende bem. Ela explica que fica atrás do banco que haverá na copa. "Que banco?", ele pergunta. Ela diz que não vai levar a mesa e as cadeiras que eles já têm, e que o marceneiro fará uma mesa nova com bancos. Então, ele sobe o tom de voz e diz, enfurecido, que ela está gastando demais. Em uma sessão anterior, ela tinha contado sobre outro surto idêntico, mas por causa de uma cômoda. Na ocasião, ela havia percebido que o "piti" do marido tinha a ver com seu pânico de ficar pobre. Mas ao ouvir o tom de voz dele, ficou com tanto ódio que atirou um prato na pia.

Já entendi: a segunda situação ficou mal-assombrada. Por isso, ela atirou o prato. Mas será que um simples tom de voz produz esse ódio? Não consigo entender! Será que ela não é meio sensível demais?

Ela também não consegue entender a violência de sua reação. Não sabe que isso é transferência! (Risos.)

E muito menos o marido! (Risos.)

Pois é, percebe o quiproquó? O fato é que a presença de afetos extremos, impulsivos, de caráter enigmático, que tomam conta da pessoa sem que ela possa impedir, mostra que a situação tornou-se, de repente, mal-assombrada. Na primeira situação, há um eu-sujeito presente na relação com o marido. Na segunda, o eu-sujeito foi desalojado pela criança-no-adulto: é ela quem atira o prato na pia. Por isso, é uma atuação.

Mas essa passagem ao ato não é egossintônica. Márcia sente-se louca, odeia-se e sofre quando faz coisas desse tipo. A impulsividade (pulsão em estado bruto) nos dá notícias de uma situação traumática que foi vivida, mas não representada. Ela não pensou antes de atirar o prato. Aliás, ela faz isso justamente por não conseguir representar o que vive.

Quer dizer que o sujeito desse ato é o inconsciente pulsional?

Exatamente! Por isso, não adianta pedir associações, pois o que foi clivado é justamente o que nunca foi representado. A descarga da pulsão em estado bruto nos dá notícias da ausência de ligações. Não há como recordar associativamente algo que nunca foi consciente.

Então, o que faz o analista?

Ele terá de construir para si mesmo uma cena que daria sentido àquilo que se atualiza na relação com o marido. Mas nós não tiramos isso da cartola. Precisamos entender o que foi que a criança-em-Márcia ouviu quando o marido lhe disse, com certo tom de voz, que ela estava gastando demais. Assim, quando ela me conta essas duas cenas, eu tento me identificar com a criança-nela e imagino que esse tom é hostil. E também tento imaginar que aspecto do objeto primário o marido representa nesse momento.

E quais seriam as identificações complementares que estão enganchadas uma na outra?

A cena que pude reconstruir, depois de escutar atentamente dezenas de situações desse tipo, foi a seguinte. Se ela pula de ódio, é porque algo na segunda situação retraumatiza Márcia e acorda a criança-nela. Tudo indica que é a hostilidade que ela pressente na voz e na atitude do marido. Ele, que tem pavor de ficar pobre, entra em surto quando imagina que ela vai gastar todo seu dinheiro. Naquele preciso momento – que talvez tenha sido apenas por dois segundos –, ele a vê como inimiga e a odeia por isso. E isso é o suficiente para que ela escute algo que a desorganiza psiquicamente: "você não é a esposa que eu queria".

A intenção hostil que ela capta na situação atual a desorganiza, porque entra em ressonância com outra análoga do passado. Há o que Roussillon (1999) chama de "retorno do clivado". Passado e presente se superpõem. É como se o objeto interno estivesse dizendo "você não é a criança que eu queria".

O retorno do clivado torna a situação atual mal-assombrada. É a transferência psicótica. Nesse momento, a criança-nela, que foi acordada, atira um prato na pia para se defender do marido, confundido com o objeto primário que gostaria de se livrar dela.

Com isso, completamos a cena. De um lado há um adulto, representado pelo marido, com ódio da criança-nela, que fez algo vivido como ameaça à sua sobrevivência. Ele atua algo que "pertence" ao seu próprio inconsciente. De outro, a criança-nela capta a intenção hostil do adulto, fica aterrorizada com a possibilidade de que ele passe ao ato e reage como pode, tentando se defender dele.

Pelo que entendi, a cena que se atualiza é constituída por dois personagens que agem de forma não suficientemente subjetivada. O sujeito do ato de atirar o prato é o inconsciente pulsional de Márcia. Mas o sujeito do ato de hostilizar a mulher, vista como inimiga que vai arruiná-lo, é o inconsciente pulsional do marido. Ambos, marido e mulher, estão em plena atuação.

São transferências cruzadas. É justamente por isso que estão enganchados um no outro há 20 anos! O marido-que-despeja-sua-angústia (-de-ficar-pobre) entra em ressonância com o objeto primário-que-despeja-sua-angústia porque são análogos, e essa ressonância "acorda" a criança-traumatizada-nela.

Mas como você pode saber que essa cena realmente aconteceu antes?

Parto do princípio que gato escaldado tem medo de água fria. Se não tiver sido escaldado, não precisa ter medo de água fria. Se ela pula de ódio, chegando a atirar um prato, é porque algo na cena atual tocou em um nervo exposto. E o nervo só pode ter ficado exposto por efeito de uma situação traumática.

Obviamente, a situação em si mesma nunca será recuperada, mas é ela que torna mal-assombradas situações análogas no presente. A transferência demonstra que algo análogo, de fato, existiu, tanto que deixou um nervo exposto – a cicatriz continua viva, produtiva, tanto que ela atira um prato na pia.

Agora entendi a razão de a passagem ao ato ser uma das formas do retorno do clivado, do não representado, e por que é uma transferência psicótica.

Isso mesmo. Se você acompanhou a cena traumática que eu reconstruí a partir do material clínico, o passado – aquilo que ficou clivado – infiltra o presente; o presente é lido a partir do passado clivado; a situação atual ativa os traços mnésicos do trauma. São as várias maneiras de dizer que o atual entra em ressonância com o infantil (a criança-no-adulto).

Estou usando o termo como na física – ressonância mecânica. Lembra-se desse fenômeno? Encontrei na internet referências a uma ponte nos Estados Unidos, chamada Tacoma Narrows, que estourou porque as ondas mecânicas de sua estrutura entraram em ressonância com as ondas mecânicas do vento que soprava no dia 7 de novembro de 1940. Elas entraram em ressonância porque tanto o vento quanto o material da ponte vibravam com o mesmo comprimento de onda. Quando isso aconteceu, a amplitude de vibração das ondas aumentou muito e a ponte se partiu.

No nosso caso, a ressonância se dá entre dois acontecimentos, um no passado e outro no presente, que têm o mesmo "comprimento de onda". Seja como for, essa estranha superposição entre passado e presente é a transferência. Graças a ela, o marido se torna o representante atual do objeto primário traumatizante. Nesse momento, Márcia sai do "modo adulto" e passa a funcionar no "modo infantil". A criança-nela reage com terror, afeto em estado bruto que não chega a se tornar consciente porque é clivado e transformado defensivamente em ódio.

Ou seja, os efeitos da transferência na vida do paciente podem ser tão desastrosos quanto no caso da ponte!

Pois é. Transferência não é brincadeira! Note que Márcia não deixa de ter razão: de fato, o marido não consegue conter sua angústia de ficar pobre e atua seu ódio. Ele pode não perceber, mas a criança-nela percebe imediatamente a hostilidade do marido, que a trata por alguns segundos como se fosse sua inimiga. E como não dispõe hoje, como não dispunha antes, da capacidade de simbolizar a complexidade das transferências cruzadas, imagina que sua integridade psíquica esteja realmente em risco. Essa é a ideia que a aterroriza e que a leva a atirar o prato na pia.

Gostaria de tentar resumir o que entendi a partir desse material clínico. Na primeira cena, mesmo o marido tendo perdido o avião, ele não a hostiliza. Ele assume que foi um erro dele. Na segunda, ele a hostiliza porque está angustiado com a perspectiva de ficar pobre. Ela percebe a hostilidade, que funciona como gatilho para acordar a criança-nela. O primeiro é o marido propriamente dito, enquanto o segundo é o marido mal-assombrado. Então, ela tem, por assim dizer, dois maridos? (Risos.)

(Risos.) Ela tem um marido que funciona alternadamente no "modo adulto" e no "modo criança-no-adulto". O material clínico mostra que Márcia os diferencia claramente. Podemos dizer também que o segundo marido é vivido como um abusador, pois tenta passar a conta do seu pavor de ficar pobre para ela.

Esse tipo de abuso não é sexual.

Isso mesmo, não é. Podemos falar em abuso narcísico – que, é sempre bom lembrar, é inconsciente tanto para o abusador quanto para o abusado. E, por isso mesmo, é tão traumático quanto o sexual, já que a criança é obrigada a acolher elementos tóxicos, não metabolizáveis, provenientes do inconsciente do objeto. Já ouviu falar em alma penada? Pois a alma pena, ou seja, ela sofre pela impossibilidade de dar sentido ao abuso sofrido. Sofre por não ter tido sepultura simbólica adequada. A cena inconsciente em que a criança-no-adulto está enganchada ao adulto se repetirá, isto é, será transferida até ser metabolizada e integrada.

Isso é a compulsão à repetição?

Freud fala em dois tipos de compulsão à repetição: aquela que ele descreve em *Recordar, repetir, elaborar*, de 1914 (FREUD, 1975g), que tem a ver com o retorno do recalcado – o paciente não recorda, mas age; e a que ele descreve em 1920, em *Além do princípio do prazer* (FREUD, 1975d), que tem a ver com o retorno do clivado – caso em que não há o que se recordar porque o acontecimento foi subtraído à linguagem, à representação. Seja como for, há algo que retorna porque não está suficientemente integrado, nos dois sentidos que vimos há pouco.

Assim como o aparelho digestivo não pode fazer outra coisa a não ser tentar digerir o que comemos, o aparelho psíquico não pode fazer outra coisa a não ser tentar simbolizar – isto é, dar sentido – ao que vivemos. Do mesmo modo como certos alimentos levam tempo até serem digeridos, certas experiências levam tempo até serem simbolizadas. É o que Roussillon chamou de "compulsão a simbolizar" (ROUSSILLON, 2001). Em termos mais pomposos, estamos submetidos ao imperativo categórico de nos tornarmos sujeitos lá onde fomos assujeitados no vínculo com o objeto primário: onde havia o isso, o eu deve advir, segundo Freud.

Pomposo mesmo! O que significa isso?

Na relação assimétrica entre a criança e o adulto, a primeira ocupa necessariamente uma posição passiva, ou melhor, apassivada. Por isso, o adulto pode usá-la, inconscientemente, de maneira que ela não tem como impedir. É o que eu chamei anteriormente de abuso narcísico.

Vimos essa ideia quando eu falava da transmissão da vida psíquica entre as gerações. O adulto pode empurrar sua conta, e ele vai ter de se virar para pagar. Isto é estar assujeitado a outro. É uma violência, uma forma geralmente inconsciente de abuso de poder. A criança não pode dizer "não quero pagar essa conta", coisa que alguém na posição de sujeito pode fazer. Pois bem, tornar-se sujeito significa tornar-se capaz de construir um sentido e integrar ao eu a experiência emocional que acabo de descrever.

No caso de Márcia, tornar-se sujeito seria o quê?

Seria ela conseguir dizer, ou pelo menos pensar, algo como: "Não sou, nunca fui 'gastadeira'. Você me conhece e deveria saber disso. É você quem tem medo de ficar pobre, medo de que eu gaste todo seu dinheiro. Mas não se preocupe, estou sendo cuidadosa. E, por favor, não fale comigo com tanto ódio, pois isso me assusta e me irrita".

A criança-nela sofre por não conseguir pensar tudo isso e atira o prato, sinalizando um sofrimento que ficou emudecido, sem palavras.

Exatamente! Trata-se de um sofrimento narcísico, outro tema importante para nossas conversas.

E o que você disse a ela quando ela falou sobre as duas cenas com o marido? Qual posição você ocupa na transferência?

Note que Márcia me conta mil cenas em que o marido lhe fez isso e aquilo, deixando-a profundamente irritada. Irritada, aliás, é a palavra que ela mais usa para descrever o que sente. Durante tais relatos, sinto que estou sendo convocada a ocupar dois lugares na cena:

1. Sou convocada a me identificar com Márcia, ficando contra o marido e colando-me totalmente ao seu relato. Por exemplo, eu poderia ficar com raiva dele ou, então, perguntar por que ela continua casada. Essa, aliás, é a posição da mãe, que sempre a convocava em uma cumplicidade contra o pai.

2. Ou, então, sou convocada a me identificar com o marido, ficando contra Márcia. Eu poderia, neste caso, me irritar com ela, responsabilizando-a por sua agressividade, sugerindo que sua reação foi exagerada e intempestiva, afinal, não é para tanto; é preciso tolerar frustrações, não pode ser tudo do jeito dela etc.

Evito ocupar qualquer uma dessas posições, ambas igualmente traumatizantes para a criança-nela.

Quer dizer que a posição complementar a ser evitada é tanto a de um objeto que se identifica excessivamente com a criança-no-adulto quanto a de um objeto que não é capaz de se identificar em absoluto com ela?

Isso mesmo. Especialmente na segunda situação, eu estaria repetindo o aspecto do objeto que não é capaz de empatia, não consegue se identificar com o sofrimento psíquico que se manifesta, por falta de palavras, como passagem ao ato. Esse objeto não é capaz de imaginar que algo ali está sendo vivido como traumático. Não entende que se há ódio é porque há dor. Se ela tem rompantes de violência e de falta de controle, é porque é má e mimada. Para o objeto não empático, o psiquismo da criança é um bloco opaco.

Se eu conseguir evitar essas duas posições, que correspondem a dois aspectos traumatizantes do objeto primário, posso trabalhar no sentido de instalar a função ausente, que é a do terceiro. Márcia não é psicótica, mas tem áreas de funcionamento psicótico, que são justamente aquelas em que a função do terceiro não foi suficientemente instalada.

Aliás, o terceiro nunca aparece nos relatos de Márcia. É sempre ela e o marido. Mas ele está potencialmente presente, já que é a mim/terceiro que tais relatos estão endereçados. Eu sou o terceiro potencialmente presente. Esse terceiro teria a função de intervir, ajudando a separá-la psiquicamente de seu objeto primário, o que só pode ser feito pela via da construção de uma narrativa que ajude a dar sentido ao que está sendo vivido.

A construção da cena traumática que imaginei tem essa função. Para mim, a construção não tem a pretensão a afirmar uma verdade factual, mas de criar uma narrativa que dê sentido ao que se repete na transferência. O conceito de *rêverie*, de Bion, tem um parentesco com isso: são imagens que surgem na mente do analista durante a sessão e que ajudam a dar sentido à experiência emocional do paciente. O analista "sonha" o que para o paciente se repete como pesadelo. Podemos aprofundar esse tema quando conversarmos sobre escuta analítica. A construção, que é uma espécie de sonho do analista, serve para orientar suas intervenções. Não é comunicada diretamente, mas orienta as intervenções do analista, que tentará falar diretamente com a criança-nela.

Tudo isso é muito bonito (risos), mas o que você diria a ela?

Ocupando decisivamente o lugar desse terceiro que precisa "nascer" na situação transferencial, procuro ajudar a paciente a entender o que foi que a criança-nela viu e ouviu, e por que aquilo a deixou tão aterrorizada. Digo então: "você [a criança-em-você] ficou aterrorizada quando percebeu ódio na resposta do seu marido – para você, era um ódio assassino".

A expressão "ódio assassino" fez sentido para ela e foi produtiva. Sei disso pela associação seguinte. Márcia passa a descrever longamente uma cena em que a sogra, sentindo-se menosprezada em uma situação familiar, a olhava com ódio e parecia que queria matá-la.

Pelo que entendi, seu lugar na cena é um lugar a ser construído: o do terceiro que não estava na cena para ajudar a criança a dar sentido ao que viveu na relação dual com o objeto primário abusador.

Exatamente! Em situações desse tipo, o lugar do terceiro é construído e pode ajudar a criança a se desenganchar de seu objeto, quando o analista responde a partir dele, tomando em consideração a transferência que está sendo atuada na relação com o marido, que está no lugar do objeto primário.

Que tal uma pausa para um cafezinho? Ainda quero falar sobre a contratransferência e receio que você esteja cansado.

Boa ideia. Preciso deixar nossa conversa assentar um pouco antes de prosseguirmos.

***

Green (2008) percebeu que Freud deu o nome de transferência a duas situações distintas, mas articuladas entre si. Ele chamou uma delas de transferência sobre a linguagem, e a outra, de transferência sobre o objeto.

A primeira transferência é intrapsíquica, sendo que o que se transfere é a energia psíquica de uma representação a outra, como mostrou Freud na *Interpretação dos Sonhos* (1975l). Esse mecanismo de transferência recebeu o nome de deslocamento. Um sintoma histérico resulta da transferência de energia de uma representação recalcada para outra "inocente", mas que está ligada à primeira por elos verbais de condensação e deslocamento. Foi por isso que Green a denominou "transferência sobre a linguagem", já que a transferência é entre representações. A análise poderá reestabelecer esse elo perdido via interpretação.

Estudei bastante o capítulo VII da Interpretação dos Sonhos, no qual Freud explicita esse modelo. Confesso que certas teorias ficam dissociadas do que faço na clínica.

Espero que nossas conversas o ajudem a promover uma integração entre o que você estuda e o que pratica. A segunda definição de transferência foi dada por Freud no caso Dora. Você deve se lembrar que, enquanto ele perseguia atentamente as trilhas associativas sobre a sexualidade infantil nos sonhos que ela relatava, algo diferente, inesperado, irrompeu e o atropelou: a transferência invisível, subterrânea, que estava acontecendo o tempo todo com ele. A súbita ruptura da análise – a passagem ao ato – mostrou que Freud, tanto quanto o sr. K., estavam sendo vividos como sedutores – ambos representantes da figura paterna de quem ela tinha ódio.

Essa segunda situação é intersubjetiva, pois ela se dá "sobre o objeto", segundo Green. Ambas as transferências – sobre a linguagem e sobre o objeto – estão sempre presentes e determinam-se reciprocamente. Por isso, Green fala em "dupla transferência", embora uma possa predominar sobre a outra.

A transferência intersubjetiva se funda sobre um paradoxo: o analista é, e ao mesmo tempo não é, a pessoa com quem o paciente pensa estar se relacionando. Isso nos introduz no tema da contratransferência, pois, como vimos, o paciente vai convocar o analista a participar da cena transferencial.

Freud falou em contratransferência pela primeira vez em 1910, em *As perspectivas futuras da terapia analítica*. Segundo ele, o fenômeno resulta da influência inconsciente do analisando sobre os sentimentos inconscientes do analista, e representava um obstáculo à análise. Tanto que, em 1912, ele recomenda que os futuros analistas façam uma análise pessoal, não para eliminar a contratransferência, o que seria impossível e até mesmo indesejável, mas para "domá-la". Bem mais tarde, Paula Heimann, em 1950, e Heinrich Racker, em 1951, uma em Londres e o outro em Buenos

Aires, reconheceram que a contratransferência é parte integrante do trabalho analítico e ajuda a iluminar a transferência.

Poderia falar um pouco mais sobre isso?

A "transferência sobre o objeto" exerce uma pressão para que o analista encarne certo personagem do mundo interno do paciente. A convocação transferencial se dá por meio da dimensão agida da fala, que Freud chamou, em 1914, de *agieren* (1975g). A pressão que a comunicação agida exerce sobre o analista provém da força das pulsões. Mais para frente, vou completar essa ideia mostrando a diferença entre a comunicação turbinada pela pulsão em estado selvagem (não ligada) e pela pulsão já domada (ligada), graças a um primeiro nível de simbolização.

O fato é que a contratransferência é a abertura e a disponibilidade do analista para se deixar pressionar pela comunicação agida, acolhendo a força de convocação da transferência. Ele oferece sua matéria psíquica para que ela seja afetada pela força das pulsões. Claro que há situações em que o analista vai se defender e "fechar o corpo" para não ser afetado, mas mesmo isso nos dá dicas preciosas sobre a transferência.

A expressão "fechar o corpo" não é apenas uma metáfora. A matéria psíquica mais sensível à força de convocação das pulsões é justamente a que funciona no mesmo "comprimento de ondas": a corporeidade, que é a parte mais primitiva e pulsional do psiquismo. No gradiente somatopsíquico, o nível não verbal da comunicação é captado pelo corpo. Tanto que, quando percebemos que alguém está com ódio de nós, mesmo que não diga nada, sentimos um "nó nas tripas", para usar a expressão de uma paciente minha. A contratransferência é percebida – quando é percebida! – mais com a barriga do que com as orelhas!

Veja se eu entendi. O que se transfere na transferência intrapsíquica é a energia psíquica entre representações. Essa transferência também é chamada deslocamento. Na transferência intersubjetiva, o que se transfere – o que se atualiza e passa a ser vivido como uma verdade atual – é uma cena, uma situação passada, um pedaço da história emocional do paciente, turbinada pelas pulsões, ou seja, embebida nos afetos correspondentes. Esses afetos podem estar em estado bruto ou já parcialmente "domados". As duas transferências – sobre a linguagem e sobre o objeto – andam juntas e uma remete à outra.

Você entendeu perfeitamente!

Poderia dar um exemplo de como o analista oferece sua matéria psíquica para ser afetada pela transferência?

Posso, sim. Como é muito esclarecedor, gostaria de reler com você o Caso 3, publicado em meu livro *Transferência e contratransferência* (MINERBO, 2012, p. 71-73):

> *O paciente obtém pequenas gratificações de seu analista (uma informação sobre o ônibus, uma caixa de fósforos para acender seu cigarro). Este consente em concedê-las porque percebe que, nesse momento, isso é necessário ao processo. Não seria adequado manter sua reserva habitual nem interpretar nada por enquanto. Ele permite que a dinâmica do processo se desenvolva para que o movimento transferencial fique mais claro. Mas, ao mesmo tempo, procura trabalhar a contratransferência que o seu contra-agir lhe suscita. A cumplicidade consentida com o paciente fere seu ideal analítico; ele percebe certo sentimento de vergonha e de culpa. O narcisismo do analista sofre. Ativa-se um leve conflito entre o seu apego*

> *ao paciente e ao método analítico. Esse conflito encaminhará o analista a perceber que ele está no lugar da figura materna, e que os pequenos favores que o paciente lhe pede têm um caráter incestual (no francês,* incestuelle *– uma atuação que não chega a ser literalmente incestuosa, mas que "passa do ponto"). Desse processo surgirá a oportunidade de uma intervenção elaborativa. A transferência do vínculo regressivo com a figura materna se deposita sobre o enquadre. Esse analista aceita ser levado, isto é, regredir junto com o paciente. Mas ele não é completamente arrastado pela transferência: uma parte dele sabe que se trata de uma transgressão, ainda que mínima [...]. O contra-agir do analista mostra que ele ocupou, 'sem querer, querendo', temporariamente, a posição identificatória complementar à do paciente e foi isso que lhe permitiu reconhecer a identificação que estava sendo agida na transferência. Ou seja, a elaboração da situação passa necessariamente pelo agir do analista.*

Belo exemplo! É bem claro e me ajuda a integrar teoria e clínica. Dá para perceber que o analista realmente se abre – abre seu corpo – para ser afetado pela força de convocação das pulsões, e como ele aceita ser arrastado temporariamente pela transferência, até ser capaz de dar sentido à atuação da sua contratransferência. Ele se dispõe a contra-atuar – ou contra-agir, como você escreveu no livro – um papel que ele só saberá qual é depois de ter participado da cena: o papel de "mãe que passa do ponto".

E note que, nesse exemplo, a cena não é formada pela criança e pela mãe, e sim pelo aspecto traumatizado da criança (submetida a um excesso de gratificação) e pelo aspecto incestuoso da mãe, que, por questões ligadas ao inconsciente dela, passou do ponto. Certamente, a mãe tem muitos outros aspectos, provavelmente suficientemente bons, e que, por terem sido integrados, não serão transferidos para a cena analítica.

É interessante pensar que, para o psicanalista, o paciente não é bem uma pessoa, mas um "precipitado de identificações". (Risos.) E que a contratransferência é a disponibilidade para se identificar com um aspecto da criança ou do adulto que compõem a cena traumática que se repete na transferência.

Vejo que você está pronto para avançar um pouco mais. Como eu disse há pouco, o analista acusa, graças à contratransferência, a força de convocação das pulsões que turbinam a comunicação agida. Há uma importante diferença entre a força das pulsões ligadas (domadas) e a das pulsões não ligadas, soltas, sem representação, ainda em estado selvagem. A comunicação que age e afeta o analista por meio de pulsões ligadas – portanto, já simbolizadas em nível primário – exerce uma força relativamente discreta sobre ele.

Como assim, já simbolizadas em nível primário?

Vamos aprofundar essa ideia em uma conversa sobre trauma e simbolização. Veremos que o processo de simbolização se dá em dois níveis diferentes, a simbolização primária e a secundária (ROUSSILLON, 1999). Quando há uma falha na simbolização primária, as pulsões ligadas à situação traumática permanecem em estado não ligado, em estado bruto, violentas, indomáveis. Quando atualizadas na transferência psicótica, a força de convocação das pulsões não ligadas é quase irresistível. Já a força de convocação da transferência neurótica é menos avassaladora. A contratransferência do analista acusa o golpe, mas ele é capaz de reconhecer a pressão e não se misturar nem se confundir com o que está sendo transferido.

Entendo que o exemplo que você deu, do analista que se identifica temporariamente com a "mãe que passa do ponto", ilustra a transferência psicótica. Poderia agora dar um exemplo de transferência neurótica?

Claro! Se me permite, vou repetir o Caso 1 do meu livro *Transferência e Contratransferência* (MINERBO, 2012, p. 57-58). Tratase de um episódio da análise de Donnet, um importante analista francês, com Viderman, outro analista muito conhecido.

> *A sessão termina às 20 horas. Pressentindo que já estava na hora, Donnet (que está em análise com Serge Viderman) se cala. No silêncio, ele escuta as oito badaladas de uma igreja próxima. O analista não encerra a sessão. Donnet se angustia e exclama: "mas eu não quero que você me dê mais do que o meu tempo!". O paciente está, ao mesmo tempo, surpreso e aliviado pelo que acaba de dizer. Então, o analista encerra a sessão. Esse é o material. Embora a sessão tenha terminado há meio minuto, o analista ainda não a encerrou. Esses trinta segundos, essa "transgressão" do enquadre, são o traço atual que torna essa situação propícia para a transferência do infantil. Mais especificamente, do desejo edipiano em sua dimensão de transgressão. O pavor/desejo da transgressão é tanto que, durante esse tempo, o paciente sente angústia. Angústia de quê? De estarem muito próximos da realização do incesto. Pois a gente sabe como começa (com os trinta segundos), mas não sabe como termina. Em outros termos, essa cena tem uma dimensão enigmática, pois, num primeiro momento, não entendemos o que deixou o*

paciente tão angustiado. Mas logo se entende que a angústia tem a ver com uma fantasia inconsciente que, nesse momento, é vivida como realização alucinatória do desejo infantil. O paciente está "vendo" seu analista transgredir o enquadre e lhe propor uma situação incestuosa (passar a noite com seu paciente, por exemplo). A transferência atualiza uma fantasia de sedução pelo adulto. A criança se vê tendo que defender o enquadre e se defender do "adulto incestuoso". É isso que o leva a exclamar "Mas eu não quero que você...". É um agieren.

Vejo uma diferença em relação ao exemplo da transferência psicótica. Aqui, o analista sentiu a pressão para se levantar, mas continuou sentado. Pelo que entendi, esse gesto tem valor interpretativo, já que permite ao Donnet reconhecer que o desejo incestuoso é dele, e não do analista. E isso só foi possível porque a pressão transferencial não era tão intensa. Viderman não se confundiu com a figura edipiana do paciente. Não ficou com medo de estar transgredindo o enquadre se ficasse mais 30 segundos com o paciente.

Isso mesmo. Essa é a pressão exercida pela pulsão ligada, modulada e "domada" graças à ligação com uma representação. Essa qualidade, captada pela contratransferência, caracteriza a transferência neurótica. Não é difícil para o analista perceber que papel ele está sendo chamado a desempenhar, nem é tão difícil resistir à pressão. Além disso, sua contratransferência indica que ele pode se abster de entrar no papel demandado sem colocar em risco a continuidade da análise, o que não acontece no caso anterior.

Já a pressão exercida pela pulsão não ligada tem uma força de convocação muito maior, porque ela não está "domada" pela ligação com uma representação. Ela continua em estado selvagem, bruto, imperiosa. Mesmo quando o analista a reconhece – o que nem sempre é o caso –, a contratransferência o informa que ele não pode simplesmente recusar a convocação feita pela transferência, pois seria uma violência contra o paciente e colocaria a continuidade da análise em risco. Essa transferência tem uma qualidade psicótica.

Pelo que entendi, transferência e contratransferência são experiências solidárias na clínica. Tão solidárias que nem faria sentido falar em uma delas isolada da outra.

Isso mesmo! Por isso, bastaria falar em campo transferencial, estrutura intersubjetiva que pressupõe transferência e contratransferência.

Quando você falou na força de convocação da transferência, mencionou várias vezes a comunicação agida. Essa comunicação tem a ver com a noção de identificação projetiva?

Tem, sim. Recomendo a você alguns textos de Racker (1952; 1982a; 1982b), publicados entre 1948 e 1953, nos quais ele afirma que, em certas formas de transferência, o ego do analista "é arrastado" pela identificação projetiva. Veja que ele usa o termo "ser arrastado", que envolve um movimento irresistível. Tem tudo a ver com a palavra emoção, que vem do latim *emovere* e significa "pôr em movimento". A comunicação agida põe o outro em movimento e afeta o analista porque se dá no plano dos afetos.

Ora, emoção e afetos são derivados da pulsão! Talvez você tenha ouvido o termo "identificação projetiva maciça", aquela que arrasta o ego do analista. Embora os kleinianos não a relacionem explicitamente com a força das pulsões, acredito que não trairia a ideia dizendo que é uma forma de comunicação inconsciente turbinada pela pulsionalidade não ligada. Mas nem sempre a identificação projetiva é "maciça". Como no exemplo de Donnet, ela pode ser mais branda, quando turbinada pela força da pulsionalidade ligada.

Essa conversa sobre contratransferência foi esclarecedora. Gostaria, agora, de conversar um pouco sobre a chamada interpretação transferencial. Eu pensava que a interpretação precisava incluir sempre a pessoa do analista e fazer referência explícita ao "aqui e agora". Pelo menos foi assim que entendi o famoso texto de Strachey (1934) sobre a interpretação mutativa.

Bem lembrado. Não podíamos mesmo encerrar esta conversa sem falar da interpretação transferencial. Eu acho bem estranha a ideia de que uma interpretação, para ser produtiva, tenha que necessariamente incluir a pessoa do analista ou o "aqui e agora". Quando Viderman, analista de Donnet, não se levanta da poltrona, faz uma interpretação transferencial, isto é, diz ou faz algo tomando em consideração o lugar transferencial que o paciente lhe atribui.

Desconfio de qualquer afirmação que venha com "sempre", "nunca" e outras propostas normativas para o fazer do analista. Acho que Strachey teve uma boa sacada, que foi transformada em doutrina, o que é no mínimo injusto com ele. Autores sérios não querem ser lidos como se fossem gurus; eles preferem leitores críticos, como Bollas (2006), por exemplo. Igualmente incomodado com a palavra "sempre" (incluir a pessoa do analista na interpretação), argumenta que a interpretação sistemática da transferência "aqui comigo" pode ter o valor de uma resistência do analista à interpretação das associações livres do paciente – a transferência sobre a linguagem, como vimos anteriormente. Ele diz o seguinte:

> *Muitos analistas fora da escola britânica têm uma maneira muito diferente de lidar com a transferência, que consiste em pensar nela quando isso lhes ocorre. Talvez eles devessem ser chamados de intérpretes da transferência "de vez em quando". Eles são tão disciplinados quanto os intérpretes do "aqui e agora" na compreensão da transferência, porém só veem no material uma referência ao clínico quando tal pensamento vem à consciência do analista espontaneamente e sem preconceito [...]. Antes que a sessão comece, o psicanalista [intérprete do "aqui e agora"] já sabe que vai escutar a referência a pessoas, lugares e acontecimentos como uma representação de como o analisando está sentido o analista aqui e agora [...]. Para André Green, este sistema de escuta constitui uma forma de sugestão* (BOLLAS, 2006 p. 704).

Pensando bem, ele tem certa razão: a intenção de escutar o material clínico, procurando nele as referências inconscientes, implícitas à pessoa do analista, é incompatível com uma postura "sem memória e sem desejo", segundo a consagrada fórmula de Bion.

Concordo com você. A postura "sem memória e sem desejo" visa favorecer a emergência do fato selecionado, que organiza retroativamente e dá sentido àquilo que se expressa por meio do discurso. Ela favorece, portanto, a disposição a se deixar tocar pela transferência sobre a linguagem. O desejo de encontrar pistas sobre como o paciente está vendo o analista naquele momento pode funcionar como obstáculo à atenção livremente flutuante. Nesse mesmo texto, Bollas cita um e-mail recebido de Green, em 13 de setembro de 2005, no qual este faz uma crítica ainda mais dura a esse "sempre". Escreve Green:

> *Concentrar o processo de associação livre sobre a transferência, segundo a técnica do "aqui e agora", não apenas vai contra seus objetivos (da associação livre), restringindo o campo associativo a um único ponto, o analista: o analista em si mesmo é transformado numa espécie de objeto hipnótico* (BOLLAS, 2006, p. 704).

Contundente, não é? Mas é inegável que esses dois autores contemporâneos dão o que pensar, ou, pelo menos, nos tiram do sossego de nossas certezas. Curiosamente, eles inovaram recuperando a força de certas ideias freudianas que tinham sido esquecidas. E talvez tenham sido esquecidas justamente porque a "interpretação mutativa" que você citou tenha sido transformada em uma espécie de modelo universal do ato analítico.

Sim, fiquei um tanto chocado com a virulência da crítica dos dois. Não estou acostumado a esse tom. Mas é bom para a gente sair da zona de conforto.

Queria lhe dizer que aproveitei muito essa conversa. Gostei especialmente da ideia de que a transferência é a cicatriz viva de uma cena traumática envolvendo um aspecto da criança e um aspecto de um adulto. Esses aspectos, que correspondem a identificações inconscientes, são sempre complementares e, por isso, contratransferência e transferência são experiências indissociáveis na clínica.

Lembro-me de um ou dois pacientes que interromperam a análise sem que eu entendesse o motivo: talvez eu não tenha conseguido me sintonizar com a criança-neles e nosso trabalho foi se esvaziando até acabar. É importante ser afetivo e ter continência, mas isso não basta para ajudar o paciente a se reposicionar diante de seus objetos internos e externos. É preciso ajudar a criança-no-adulto a desatar o nó que a mantém enganchada a seu objeto primário.

Fico feliz por ter sido útil. Podemos programar novas conversas sobre os temas que surgiram hoje: escuta analítica, trauma e simbolização, pensamento clínico, sofrimento neurótico e sofrimento narcísico.

Estou ansioso por isso!

2. Escuta analítica

Olá, caro colega, sobre o que gostaria de conversar hoje?

Gostaria de conversar sobre escuta analítica. Sei que a clínica depende inteiramente de um tipo de escuta que é diferente da escuta do senso comum, e que a formação psicanalítica é essencialmente a formação dessa escuta. Para falar francamente, acho que é a parte mais difícil da formação. Muito mais do que estudar a teoria.

Você tem toda a razão: a escuta é a parte mais importante da formação. Acho que as teorias servem principalmente para refinar nossa escuta e torná-la sensível às várias formas de sofrimento psíquico e de manifestações do inconsciente.

Para começar, queria saber uma coisa. Você ainda pensa a escuta analítica em termos de conteúdo manifesto e conteúdo latente, como Freud propunha na Interpretação dos Sonhos?

Sua pergunta é importante, porque nos leva de volta às origens da psicanálise. Tudo começa quando Freud escuta suas pacientes histéricas de um jeito diferente; o que diferencia o psicanalista de outros psicoterapeutas é a especificidade de sua escuta, e a formação em psicanálise é a formação de uma escuta peculiar, vivida e transmitida na própria análise, nos seminários clínicos e nas supervisões.

Dois autores contemporâneos vão nos acompanhar de perto na conversa de hoje. René Roussillon, com *As condições da exploração psicanalítica das problemáticas narcísico-identitárias* (2012a), e Luís Claudio Figueiredo, com *Escutas em análise/Escutas poéticas* (2014).

Ambos começam afirmando que a extensão do campo da psicopatologia psicanalítica – da neurose para o funcionamento psicótico e deste para as várias formas de sofrimento narcísico-identitário – foi exigindo do psicanalista a extensão dos modos de sua escuta. E ambos, por caminhos diferentes, propõem que a escuta analítica contemporânea – a escuta necessária para apreender modos de funcionamento e de sofrimento mental distintos – é uma "escuta polifônica".

Como assim, polifônica?

A música é polifônica quando várias melodias se desenvolvem de forma independente, mas dentro da mesma tonalidade. Há elementos da experiência com o objeto primário que são introjetados, mas não são metabolizados. Por isso, em lugar de serem integrados, permanecem no psiquismo como corpos estranhos incorporados. Ora, cada um desses corpos estranhos tem sua própria voz, relativamente independente das demais. Em certos momentos, a criança-no-adulto tem dois anos de idade, mas em outro pode ter quatro ou cinco. É importante conseguir escutar o sofrimento que cada uma dessas vozes psíquicas expressa para acessar os núcleos neuróticos e não neuróticos do paciente.

Hum, interessante a ideia de escuta polifônica! Confesso que nunca tinha pensado que a escuta analítica foi sendo ampliada para dar conta da extensão da psicopatologia psicanalítica do sofrimento neurótico para o não neurótico. Aliás, você prometeu uma conversa sobre esse tema!

Não me esqueci disso. Você verá que não é um bicho de sete cabeças. Com relação à escuta, acho que você já pratica, ou tenta praticar, uma escuta ampliada. Talvez falte apenas você se apropriar daquilo que vem fazendo. Então vamos lá!

Roussillon (2012a; 2012b) está interessado em dar um estatuto metapsicológico às diferentes formas de manifestação clínica – que ele chama de polimorfismo da associatividade – do sofrimento narcísico-identitário.

Associatividade ou associação livre?

São diferentes. Associatividade é o princípio que rege o funcionamento mental: as vozes das várias crianças-no-adulto estão o tempo todo tentando se expressar do jeito que elas conseguem. Não têm escolha a não ser dar notícias do seu sofrimento por meio de inibições, sintomas, angústia e atuações. Já a associação livre é a regra à qual o paciente se submete na sessão: ele pode e deve falar o que lhe vem à cabeça. O material clínico provém da associação livre.

O analista propõe a regra, pois sabe que é a associatividade que vai comandar as associações?

Exatamente. Ele confia no fato de que o psiquismo tem uma "compulsão a simbolizar". Já conversamos sobre isso, lembra-se? Mas voltando ao texto de Roussillon, dá para perceber que seu interlocutor é um psicanalista francês "médio", ainda aderido ao Lacan, de 1953 (apud ROUSSILLON, 2012a), isto é, formado quase exclusivamente na escuta dos significantes e da associatividade verbal. Essa escuta funciona muito bem para a neurose, mas nem tanto para as formas de sofrimento psíquico determinadas por um distúrbio na constituição do eu, nas quais a diferença eu/não eu é problemática.

O autor se esforça para mostrar que, nessas escutas, o psiquismo inconsciente encontra formas que vão além das palavras para expressar aquilo que está em "sofrimento de integração" ou, então, que estão aquém delas, já que estamos falando de um sofrimento que foi experimentado pelo sujeito antes da aquisição da linguagem. O psiquismo primitivo se expressa por meio de mensagens polimorfas, demandando, por isso, uma escuta polifônica.

Já Figueiredo (2014) faz uma apresentação histórico-clínica das várias modalidades de escuta em psicanálise. Ele reconta a história da psicanálise, de Freud até hoje, pelo viés das estratégias de escuta das várias dimensões do inconsciente que encontrou em sua revisão da literatura psicanalítica. Identifica ao longo dessa história cinco momentos, cinco estratégias de escuta, e afirma que a atenção flutuante que praticamos hoje *flutua* na escuta de vozes psíquicas pertencentes a estratos psíquicos muito diferentes entre si, inclusive vozes silenciadas por condições traumáticas importantes. Vou dar a você um exemplo de cada uma delas, embora seja difícil, e certamente artificial, tentar separá-las na prática.

Ou seja, um pela via da associatividade e outro pela questão das escutas em análise – sendo que associatividade e escuta são solidárias – querem mostrar que não dá para escutar tudo e a todos do mesmo jeito, e que isso é importante porque o fazer do analista depende inteiramente daquilo que ele escuta.

Isso mesmo!

Começamos com Roussillon?

Ele retoma a história do nascimento da associação livre na obra de Freud e distingue duas noções que, no começo, tendem a se superpor e se confundir: 1) a "associação livre", que a partir de 1907, segundo as atas da sociedade psicanalítica de Viena, ganha o estatuto de regra fundamental para a prática clínica; e 2) a "associatividade", que corresponde ao próprio modo de funcionamento de nosso psiquismo. Esta distinção é importante justamente porque a associação livre é sempre verbal, e ele está interessado em dar um estatuto metapsicológico a formas de associatividade que são pré e/ou não verbais. Esta seria inerente ao funcionamento psíquico, tanto normal quanto patológico, já que ele tem uma coerência interna própria, determinada pelas vicissitudes da história emocional de cada um.

Como assim, a associatividade é determinada pela história emocional?

Retomando nossa analogia com o aparelho digestivo, assim como ele tem uma "compulsão a digerir", transformando tudo o que entra em elementos assimiláveis e utilizáveis pelo corpo, o aparelho psíquico tem uma espécie de "compulsão a simbolizar". Ele tenta transformar em representações assimiláveis e utilizáveis pelo psiquismo as experiências emocionais pouco ou nada transformadas pelo trabalho psíquico. Como você bem notou, é a compulsão a simbolizar a história emocional que organiza a associatividade, a qual se manifesta, eventualmente, mas não necessariamente, como associação livre verbal.

Por isso, a associatividade como "fundamento", ao contrário da "regra" da associação, não é livre porque os aspectos traumáticos, não integrados, da história emocional, que formam "núcleos" inconscientes (neuróticos e não neuróticos), forçam o caminho para sua elaboração e integração. O fato é que, conforme o extrato psíquico a que pertence aquele núcleo, isto é, conforme a psicopatologia do paciente, a associatividade terá "caras" diferentes. "A associatividade é polimórfica na medida em que mistura, às mensagens verbais, mensagens não apenas afetivas, mas também tiradas do registro mimo-gesto-postural, bem como à linguagem do ato ou do comportamento" (ROUSSILLON, 2012b, p. 52).

E o que diz Figueiredo no texto Escutas em análise/Escutas poéticas?

Assim como há uma sobreposição inicial entre associatividade/fundamento e associação livre/regra, Figueiredo (2014) mostra que algo análogo acontece do ponto de vista da escuta. Ele também retorna às origens da psicanálise e descobre que, no momento fundador, o termo "atenção flutuante" designava tanto um *procedimento*, uma forma de fazer, isto é, uma técnica, quanto uma *disposição de mente*, uma ética. Nas palavras dele:

> *O procedimento era o acompanhamento paciente e meticuloso (mas não obsessivo) das trilhas associativas da fala em associação livre, o que devia ser feito com o mínimo de interferências, interrupções e/ou induções, e com uma sensibilidade aguda às irregularidades, aos detalhes, às lacunas e aos fragmentos. A posição do analista (sua ética) para propiciar tal procedimento implicava o chamado "encontro entre inconscientes": manter-se em reserva e deixar-se entregue ao próprio trabalho inconsciente para sustentar esta sensibilidade especial aos efeitos do inconsciente recalcado na fala do paciente em associação livre* (FIGUEIREDO, 2014, p. 124).

Argumenta, ainda, que a posição do analista, sua ética, a disposição de mente peculiar com que escuta seu paciente, continua orientando nossa prática, enquanto o procedimento padrão de escuta foi sendo ampliado e abrindo espaço também para outros procedimentos. Exatamente como a associatividade, que deixou de ser apenas verbal, para incluir outras formas de expressão do inconsciente.

Aliás, Roussillon (2012b, p. 11) também usa o termo *disposição de mente*, aquela na qual a escuta privilegia a "realidade psíquica e os processos de sua transformação simbolizante a partir de um método centrado na atenção à associatividade dos processos psíquicos e a seus diversos modos de expressão".

Estou começando a perceber que a noção de conteúdo manifesto/conteúdo latente, com a qual eu pensava abordar a questão da escuta, precisa ser reinterpretada.

Também acho. Se essa noção for interpretada de modo a se referir à *criação de sentido*, ela mantém seu valor clínico, pois ajuda a descolar da literalidade do conteúdo manifesto, e isso é fundamental para a escuta analítica. Veja, mesmo as atuações e os comportamentos mais bizarros são formas de expressão do inconsciente – não esqueça que o inconsciente se expressa como pode e não como ele quer (em busca de sentido); se lhe atribuímos valor de *mensagens em potencial*, ou seja, de mensagens latentes, essas vozes poderão ser "escutadas".

Veja o polimorfismo da associatividade. Uma paciente relata um comportamento que se repete: passa dias deitada em sua cama cheia de edredons e travesseiros fofos, comendo coisas gostosas, assistindo aos seus programas de TV prediletos até adormecer. Deixa de comparecer a compromissos importantes, inclusive a análise, o que a prejudica. Na impossibilidade de atribuir um sentido a isso, ela se vê como "autodestrutiva", o que é desesperador. Acabamos dando um primeiro sentido a este comportamento: a criança-nela realiza, à sua maneira, uma transa mítica na linguagem possível para uma criança. Como ela pode imaginar o prazer do sexo entre dois adultos? Essa criança imaginou que deveria ser algo como a soma de todas as coisas que são as mais gostosas para ela. Um verdadeiro orgasmo cósmico!

Ou seja, o "conteúdo latente" não estava lá, pronto para ser descoberto.

Concordo. O sentido foi criado/achado a partir do impacto afetivo e estético que o conjunto de mensagens verbais e não verbais produziu sobre mim. Afinal, não escutamos apenas com nossas orelhas, mas com o corpo todo – com nosso inconsciente.

Quando conversamos sobre transferência, você introduziu a ideia de que o analista escuta a criança-no-adulto, o que é muito diferente de escutar o adulto. No caso da sua paciente fica muito claro: embora o comportamento seja destrutivo para a adulta, que engorda e perde seus compromissos, você apostou na construção de um sentido para a criança-nela. Poderia desenvolver esta ideia?

Claro! Você percebeu bem: todos os temas estão interligados. Tenho dois exemplos bem frescos para ilustrar a diferença entre escutar o adulto e escutar a criança-no-adulto. São exemplos mínimos (apenas uma palavra) e, por isso mesmo, servem para mostrar qual é a disposição de mente do analista.

Um paciente em torno de seus 18 anos vem para análise porque tem "medo de descobrir que é homossexual". Ele mesmo acha isso enigmático, pois nada em sua vida sugere que tenha essa orientação sexual. Fala muito de um amigo que, segundo ele, consegue todas as mulheres. Tem vergonha de ser tão "passivo" e "sentimental". Mas o que pode significar "ser homossexual" para esse paciente? Figueiredo, no texto já citado, diz que o inconsciente trabalha como o poeta, que procura imagens, analogias e metáforas que expressam, que mostram alguma coisa do mundo e da realidade.

No nosso caso, do mundo interno e da realidade psíquica.

Exatamente. Imagine, então, que o inconsciente "procurou" e encontrou, na palavra homossexual, uma metáfora cujas conotações imagéticas e afetivas nos dão notícias de questões ligadas à identidade sexual. "Passivo" e "sentimental" são características vistas como femininas, mostrando sua luta contra as identificações com a figura materna, que não podem ser integradas. Por outro lado, poderíamos pensar que a criança-nele continua muito apaixonada pela figura paterna idealizada. Talvez ele pressinta um desejo "homossexual" de ser amado por esse pai, ocupando um lugar "feminino" em relação a ele. Ou de se apoderar magicamente da virilidade paterna idealizada por meio de uma identificação anal. A escuta analítica do "medo de ser homossexual" nos permite acessar o sofrimento neurótico: o fracasso da luta da criança-nele contra esses desejos edipianos inadmissíveis; o retorno do recalcado na forma de angústia de castração/emasculação. Já a escuta do adulto nos levaria a falar sobre a homossexualidade como uma realidade em si mesma. Poderíamos ser levados a questionar o modelo cultural que ele tem do que é "ser homem", a resistência em assumir o próprio desejo. Estaríamos abandonando a criança-nele, e não deveríamos nos espantar se ele abandonasse a análise.

Agora, o segundo exemplo que lhe prometi. Hoje mesmo uma paciente me falava da relação com sua mãe, que está com Alzheimer há quinze anos. Todos os finais de semana vai à casa dela, toma as providências necessárias, mas não entra no quarto. Não aguenta ver a mãe "fora do ar", desconectada da realidade, incapaz de reconhecê-la. Podemos *escutar o adulto*, isto é, uma mulher tentando se proteger de uma experiência dolorosa. É a escuta do senso comum, quer dizer, uma amiga também poderia sentir empatia e ser bastante continente desta dor. Mas podemos escutar *a criança-nela* nos contando a história da relação traumática com um objeto primário psiquicamente ausente, desconectado, incapaz de reconhecer e de responder às necessidades do eu.

Diferentemente do exemplo anterior, em que escuto algo da ordem do inconsciente recalcado, aqui, a disposição de mente do analista capta algo ligado ao retorno do clivado. Já falei disso quando conversamos sobre transferência. A escuta analítica é uma escuta criativa, na qual está implícita uma atividade silenciosa de interpretação daquilo que está sendo dito, ou melhor, daquilo que se expressa por meio de várias linguagens. A mesma ideia vale para outras escutas que precisam ser formadas, como as escutas musical e poética, ou a escuta do médico que, com seu estetoscópio, interpretará o que ouve para ter uma ideia do que acontece com o pulmão ou com o coração. No meu caso, preciso estar constantemente "afinando" minha escuta, como os músicos, que precisam afinar violinos e violoncelos antes de cada concerto.

Como você "afina" sua escuta?

Estou sempre estudando e escrevendo; isso me ajuda muito. Mas o mais importante é conversar sobre a clínica com amigos: cada um ajuda o outro a escutar coisas diferentes no discurso dos pacientes, incluindo aspectos da contratransferência.

A paciente falou em Alzheimer. É o conteúdo manifesto. O analista sabe perfeitamente o que é Alzheimer; ele também não nega que a mãe da paciente esteja doente nem que isto seja motivo de sofrimento. Mas a demência também é uma imagem bastante expressiva, que transmite o horror de se perder o objeto enquanto ele está ali presente. É a criança-traumatizada-nela que não consegue entrar no quarto e se deparar novamente com seu objeto primário fisicamente vivo, mas psiquicamente morto.

Como já disse, são exemplos mínimos, apenas uma palavra, mas que servem para transmitir a ideia de que, quando o analista está em certa "disposição de espírito", não toma as coisas ditas como se fossem apenas uma realidade em si mesmas: homossexual e Alzheimer são palavras que expressam um aspecto "latente" da realidade psíquica do paciente – realidade ainda em estado bruto, cujo sentido precisa advir para poder ser integrada. Mas atenção: nem todos os pacientes que têm mãe com Alzheimer ou têm medo de serem homossexuais serão escutados desta forma!

Seria uma escuta do valor simbólico da fala?

De certa forma, já que estou tomando a palavra Alzheimer, com todas as suas conotações afetivas, como *representação* de uma experiência emocional específica da criança-no-adulto em sua relação com o objeto primário. O inconsciente-poeta "procurou" e encontrou, na palavra Alzheimer, uma imagem, uma metáfora para nos dar a ver a mãe interna psiquicamente ausente. Mas note que o material clínico é mais complexo do que isso: ela também conta que não consegue entrar no quarto da mãe. Aqui, estamos ainda no registro do ato. Não é só porque é sofrido que ela não entra no quarto. É também porque algo aterroriza a criança-nela, o que indica a presença de um aspecto mal-assombrado, não simbolizado.

Aliás, se a paciente me dissesse que *sonhou* que sua mãe estava com Alzheimer, eu não teria dificuldades em reconhecer nessa *imagem onírica* o resultado do trabalho do sonho (trabalho de poeta!), que encontrou uma forma para expressar a falta de conexão emocional profunda entre elas. Dependendo do paciente e do contexto afetivo da fala (principalmente do tipo de angústia presente), essa forma de escutar o material clínico também vale para os relatos feitos sobre seu cotidiano "acordado".

Quando Freud introduz a ideia de associação livre, tudo o que o paciente diz se torna igualmente importante, e nossa atenção livremente flutuante não deveria privilegiar *a priori* isso ou aquilo. Você já reparou que quando o paciente diz que vai contar um sonho, esticamos as orelhas analíticas para interpretar seu "conteúdo latente"? Mas se ele está contando algo sobre seu cotidiano, recolhemos nossas orelhas, nossa escuta murcha e tendemos para o senso comum, como se aquilo fosse menos importante.

Pelo que estou entendendo, a escuta analítica tenta acessar as várias formas de sofrimento da criança-no-adulto. Esse sofrimento, que está diretamente ligado à história emocional com os objetos primários, mobilizou as defesas psíquicas que garantiram a sobrevivência psíquica, mas impediram essas experiências de serem integradas.

Sim, e, por isso, mesmo esse corpo estranho psíquico continua vivo, fixado, não transformado, determinando o modo de vida sintomático – a psicopatologia, o sofrimento psíquico – que traz o paciente para análise. A pessoa percebe que "é agida" por algo enigmático – o inconsciente ou "o infantil". Afinal, a primeira e fundamental descoberta freudiana é a de um inconsciente vivo que produz efeitos (sofrimento psíquico) no cotidiano.

Lembro do termo que você usou para falar da confusão que a atualização do inconsciente produz na vida do paciente: um verdadeiro quiproquó!

Quando passado e presente se sobrepõem, só pode dar confusão! É, por isso, que gosto tanto de falar, com Ferenczi, de *criança-no-adulto*. Ela é o próprio passado vivo no presente!

As partes não subjetivadas da própria história tendem a ser repetir em busca de simbolização e de integração. O analista desenvolve a escuta necessária para reconhecer esses efeitos no material clínico. Veja: o paciente que tem medo de ser homossexual percebe que é um medo enigmático, já que nada indica isso em sua vida. Por isso mesmo, é o caso de se perguntar: o que é "ser homossexual" para ele?

Lembro de outra paciente, uma mulher que quer adotar um menino de 2 anos. Para escutar analiticamente, é preciso ir além do que está sendo dito (conteúdo manifesto), "por que um menino?" "por que de 2 anos?". Que sentido a representação "adotar um menino de 2 anos" pode ter para a criança-nela. Há as racionalizações de praxe que a adulta nos oferece, mas basta insistir um pouco para descobrirmos que a criança-nela deseja viver uma relação apaixonada, plena e recíproca, tal como imaginaria que a mãe a amaria se fosse um menino pequeno.

Voltando à sua paciente que falava da mãe com Alzheimer, o que você diria a ela?

Poderia dizer que "a imagem de uma mãe desconectada é muito forte, faz pensar em muitas coisas". É uma fala aberta, insaturada, uma tentativa de abrir o campo associativo para ver se a paciente "pega a deixa" e acrescenta alguma coisa que nos aproxime do sofrimento da criança-nela.

Roussillon (2012b) diz que a escuta em atenção flutuante é uma forma de associação livre do analista, cujo ponto de partida não é o seu próprio inconsciente, mas as associações do paciente. O jogo do rabisco de Winnicott seria um modelo da escuta em *coassociatividade* (ROUSSILLON, 2012b, p. 51). Nessa sessão, a comunicação funciona como no jogo do rabisco. Ela faz um primeiro rabisco quando diz "Alzheimer". Eu associo a partir do rabisco dela, isto é, deixo minha atenção flutuar livremente, abro-me ao impacto dessa fala e eis que, em algum momento, me vem a ideia de "incapacidade de conexão emocional". Agora, então, é minha vez de acrescentar um rabisco e eu digo "é uma imagem forte, faz pensar em muitas coisas". Se o jogo puder continuar, os sentidos irão se sucedendo. Pode ser que ela "pegue a deixa" e se lembre de um filme em que a mãe está tão drogada que se esquece do bebê, que morre no berço.

O sentido ou "conteúdo latente" seria, então, uma representação do sofrimento da criança-nela?

Exatamente. Um sofrimento não simbolizado, que até agora produzia apenas atuações – ela não consegue entrar no quarto da mãe, lembra-se? –, agora tem uma representação e poderá ser usado para pensar. É um momento importante no processo de simbolização. Nesse exemplo, como há uma boa conjunção entre associação livre e atenção flutuante, o material clínico pôde ser escutado como se fosse um sonho. O analista considera o valor simbólico da palavra Alzheimer e o coloca em jogo no campo transferencial. Graças a um trabalho a quatro mãos, o jogo vai produzindo transformações simbolizantes: "mãe com Alzheimer" se transforma em "mãe fora do ar, criança em risco de morte psíquica".

Mas nem sempre a associação livre flui desse jeito! E aí, como fica a questão da escuta?

Você tem toda a razão. Voltando ao texto de Roussillon, ele sustenta que, quando o sofrimento tem a ver com experiências emocionais vividas/inscritas no psiquismo antes da aquisição da linguagem, ele se manifestará nas várias formas de linguagem não verbal próprias àquele momento da vida. "Em se tratando de experiências que precedem a aparição da linguagem verbal, [as experiências arcaicas não integradas] retornam na 'linguagem da época' de seu registro" (ROUSSILLON, 2012a, p. 16).

As "linguagens da época" são as diversas formas de linguagem do corpo, são vozes que podem aparecer juntas ou isoladas. Por exemplo, a linguagem dos afetos primitivos em estado bruto, passional, como na síndrome do pânico ou em estados de apaixonamento amoroso. Qualquer afeto tem sua modalidade selvagem, não domada pela simbolização: ódio, inveja, culpa ou vergonha. Quando surgem, o psiquismo se desorganiza, ou então a linguagem do corpo em suas manifestações psicossomáticas, ou, ainda, a linguagem sensório-motora, como atos impulsivos e comportamentos que produzem sensações corporais, como hiperatividade, adições, compulsões, violência e impulsividade.

São elas que configuram o que Roussillon (2012a, p. 26) denomina "polimorfismo da associatividade psíquica"?

Sim, e "supõe um modo de escuta que integre e inclua, na escuta das cadeias associativas verbais, as 'associações' oriundas das diferentes formas de expressão primárias que se apoiam sobre o corpo, consideradas como linguagens iniciais" (ROUSSILLON, 2012a, p. 16).

Não fica muito claro para mim como podemos "escutar" o retorno alucinatório das percepções arcaicas não simbolizadas. Você teria um exemplo?

Márcia escuta tudo que o marido diz como evidência de que ele se acha perfeito e atribui todas as falhas a ela. Por isso, vive em clima de guerra conjugal, na qual o ódio passional é constante. Não precisamos negar que o marido talvez não tenha contato com suas próprias limitações ou que o falte empatia com a esposa. Mas para entender a intensidade do ódio dela em relação a ele, precisamos supor que algo da ordem do traumático na relação com o objeto primário não foi integrado, e que esse algo se *reapresenta* alucinatoriamente, tendo como suporte atual a relação com o marido. Aqui, não se trata de uma *representação*, como no caso da palavra Alzheimer, mas de uma *apresentação alucinatória* do traumático, já que a "intenção" do marido tem, para ela, um estatuto de verdade incontestável.

Pois bem: sendo uma das formas de manifestação do inconsciente, o alucinatório exige um tipo especial de escuta analítica. Esse tipo de material não se presta a ser escutado como se fosse um sonho ("sonhei que minha mãe estava com Alzheimer"), mas poderia ser escutado como se fosse o relato de um pesadelo recorrente – um sonho traumático, como Freud entendeu em 1920, quando introduziu a noção de um além do princípio do prazer, abrindo caminho para o estudo das condições não neuróticas.

Escute só: ela chega e me conta que teve outra briga com o marido. "Ele se acha o máximo. Se ele se atrasa, não se sente mal com isso. Estava ocupado e isso justifica tudo! Não vê que falhou comigo, não reconhece. Se eu fico irritada, é porque sou chata. A falha é minha. Estou errada em sentir o que sinto. Brigo e digo coisas das quais me envergonho, torno-me uma pessoa horrível. Mas não consigo me acalmar enquanto ele não reconhecer que errou".

Tenho uma paciente bem parecida com essa, que se queixa do marido o tempo todo. (Risos.) No caso da minha, está tudo colocado "lá fora"!

Não é bem que esteja tudo colocado "lá fora". Se ela está contando isso para mim, já está colocado "aqui dentro", na situação analítica. Há a esperança de que eu possa ajudá-la a construir algum sentido para inscrições psíquicas inconscientes, que estão se expressando do jeito que dá. Talvez o "jeito que dá" não seja bem o jeito que a gente gostaria, mas isto não é problema do paciente, e sim nosso.

Se ela e o marido estivessem em terapia de casal comigo, eu poderia tentar mostrar como as identificações projetivas cruzadas criam o clima de guerra no cotidiano. Mas sendo uma terapia individual, preciso escutar essa fala de outro jeito. É como se a paciente me contasse o mesmo pesadelo em todas as sessões. "Tive aquele pesadelo novamente. Dessa vez, meu marido chegou três horas atrasado e eu fiquei com raiva. Quando ele viu que eu estava com raiva, disse: 'Eu cheguei, não cheguei? Não vai dar um beijinho no seu maridinho? O que mais você quer de mim? Como você está chata!' Quando vi que ele estava pondo a culpa em mim, fiquei com tanto ódio que quebrei tudo que tinha na sala. Nessa hora eu acordei assustada".

A ideia de "compulsão a simbolizar" é fundamental para entender isso. Se me ela conta sempre a mesma história, é porque há uma pressão para simbolizar/digerir o que não cessa de retornar sempre da mesma maneira. Freud dizia que os pacientes sofrem de reminiscências. No caso de Márcia, essas reminiscências vêm na forma de alucinação, isto é, de um pesadelo acordado. Ela traz a relação com o marido para me mostrar o que, de sua história emocional, está em sofrimento de simbolização.

Por isso, é uma forma de associatividade?

Que bom que você entendeu! E se lembrarmos que o marido representa um aspecto traumatizante do objeto primário, a cena que ela descreve pode ser pensada como um pesadelo, porque, do ponto de vista da criança-nela, há uma ameaça à integridade do eu. Para usar a bela expressão de Schreber (Freud, 1975j) há um "*microassassinato*" *de alma*: o objeto primário ataca o narcisismo da criança para preservar o próprio intacto. É um "microfilicídio"! Naturalmente, isso a aterroriza, mas o terror não chega a ser percebido porque é imediatamente transformado em ódio.

E como se interpreta um pesadelo?

Não sei se a gente interpreta um pesadelo ou se tenta transformá-lo em sonho usando a nossa *rêverie*. Ogden (2010) diz que o analista intervém sonhando os sonhos não sonhados e os gritos interrompidos. Tentando sonhar o pesadelo da minha paciente, posso *imaginar* o horror de depender, de forma absoluta, de um objeto que, para salvar seu próprio narcisismo, não hesita em sacrificar o eu da criança ("não fui eu que errei, eu sou perfeito, você que é chata"). Por sua posição de passividade frente ao objeto parental, representado pelo marido do qual ela depende, a criança-nela não tem alternativa a não ser se identificar com e se transformar na "chata" que fica emburrada, ou pior, parte para a violência.

Mas não é meio exagerado falar em "microfilicídio"?

É claro que isso é a percepção da criança-traumatizada-nela e não de um adulto. Uma criança pequena vê o adulto gigantesco e poderoso avançar com ódio para cima dela. O que ela pode sentir, com os recursos simbólicos de que dispõe? Deve ser algo como "é o meu fim, ele vai me matar"! Não sabe que é apenas um micromomento de funcionamento psicótico e que logo o adulto voltará a ser o cuidador amoroso de sempre.

A cena traumática do "microfilicídio" se reapresenta sessão após sessão, de forma alucinatória. Eu preciso tentar transmitir a ela meu sonho sobre seu pesadelo. Tentaria dizer algo como: "você fica aterrorizada e sem saída quando ele não percebe que sua chatice tem a ver com o que ele disse"! Note que, para mim, "ele " é o marido e, ao mesmo tempo, uma representação do aspecto traumatizante do objeto primário.

Acho que entendi o que você quer dizer com "microfilicídio". Para a criança-nela, o objeto primário está dizendo: "você é tão chata que eu preferia que você não existisse. Se eu pudesse, me livraria de você!" Freud falava em neurose traumática. O soldado sabe que o inimigo deseja sua morte e, bem perto dali, um monte de cadáveres mostra que essa é uma possibilidade real. É traumático. Dá para entender que uma criança que percebe o ódio da figura parental contra ela fique traumatizada.

Exatamente! Ambos os traumas "retornam" de forma alucinatória, seja no pesadelo enquanto se dorme, seja no que estou chamando de "pesadelo acordado".

Percebo como é importante que o analista compartilhe com a criança-no-adulto a experiência de agonia ligada ao "microfilicídio". Isso lhe permite dar sentido ao terror que foi efetivamente vivido, mas não simbolizado.

Isso mesmo! Como você bem percebeu, estamos falando de uma maneira de escutar o traumático, o inconcebível, o não representado. Não há trilhas associativas, como na neurose, mas uma explosão de ódio em estado bruto que sinaliza, ainda que de forma distorcida, a angústia de morte.

Mudando de assunto, você poderia falar um pouco sobre a contribuição de outros autores à questão da escuta analítica?

Certamente. Para isso, vamos retomar o texto de Figueiredo (2014), que fez uma excelente revisão das estratégias de escuta do inconsciente (ou do infantil ou da criança-no-adulto) ao longo da história da psicanálise. Ele reconhece cinco momentos em sua "história das escutas analíticas" e também um momento atual, no qual praticamos uma escuta polifônica.

O primeiro é o momento fundador, no qual Freud propõe a escuta livremente flutuante das trilhas associativas que conduzem aos desejos inconscientes recalcados, segundo o modelo do sonho.

Exemplo?

Lembra da paciente da transa mítica? Ela sonhou com uma piscina enorme, muito azul e bonita. Há uma mangueira cujo jorro caudaloso a mantém permanentemente cheia, transbordante. Ela não entrava na piscina, só podia brincar em um cantinho. Mas depois se via levitando acima dela, usufruindo esteticamente daquela cena. Ao lado, havia um pequeno lago, no qual talvez existissem peixes. Apesar de bonito, ela não se aproximava dele. Associações da paciente: azul como os olhos da mãe, que também é muito bonita. O pai trabalhava com algo relativo a águas. O lago era raso, transbordaria se a mangueira fosse colocada ali.

Foi a interpretação desse sonho que nos levou a falar sobre a fantasia de desejo de uma transa mítica. O prazer da figura materna, transbordante e infinito, evidentemente idealizado, é profundamente invejado. O lugar dela na cena primária é "brincando em um cantinho", masturbando-se. Ela aparece no sonho como *voyeuse*, a criança que levita e assiste excitada à cena. O pequeno lago que não aguentaria a mangueira representa os genitais infantis. Fascinada pela grande piscina, a criança-nela não explora as possibilidades do lago bonito que talvez tenha peixes.

Outro exemplo da escuta das trilhas associativas seria uma paciente deprimida, que fala de forma hesitante, visivelmente assustada e em um tom de voz quase inaudível, sobre seu fracasso escolar. "Não gostava de estudar". Silêncio. Pergunto se ela se interessava por alguma coisa. "Fotografia". Silêncio. Pergunto do que gostava. "Da obra do Sebastião Salgado". Silêncio. Pergunto de quais fotos ela gostou. "Dos trabalhos ligados à exploração de operários". Silêncio. Pergunto se há outros. "Fotos do massacre de tribos africanas". Silêncio. Acrescenta em voz baixa: "estão abandonados à própria sorte, não há ninguém para ajudá-los".

Belo exemplo. Depois que você recorta o material e inclui os silêncios fica fácil reconhecer a situação de opressão e de agonia vivida pela criança-nela, bem como a falta de conexão do objeto primário com seu sofrimento. Como você disse há pouco, a gente tende a esquecer de escutar as trilhas associativas no material clínico comum.

O que é uma perda enorme para a psicanálise! Neste exemplo, as associações não vêm espontaneamente. Como você notou, a escuta das trilhas associativas inclui, aqui, os silêncios que ela faz depois de cada frase. O sujeito (os operários explorados, os africanos exterminados) está tão oprimido que mal ousa falar. Por isso, eu tenho que sustentar, a partir da transferência, o próprio processo de associação livre.

Outro dia, recebi uma mulher para uma primeira entrevista. Ela disse, entre outras coisas, que tingia o cabelo de castanho. Não consegui entender o que ela tentava transmitir com essa informação aparentemente fora de lugar.

Talvez estivesse dizendo que havia aprendido a disfarçar seu sofrimento ou suas dificuldades (os cabelos brancos) por trás de uma aparência de que "está tudo bem". Disfarça tão bem, inclusive dela mesma, que ninguém suspeita de que há algo além de uma suposta vitalidade, proporcionada pelos cabelos castanhos. Era um pedido para você escutar a criança-nela, e não a adulta que todos veem.

Faz sentido!

Continuando com Figueiredo (2014), o segundo momento na história das escutas em análise começa em 1923, ainda com Freud, mas já com a produção teórico-clínica de outros analistas como Abraham, Fenichel, Balint, Reich e Klein. Ele decorre da segunda teoria da mente, que torna necessário escutar, além do recalcado, também as resistências e os aspectos inconscientes ligados ao isso, ao eu e ao supereu. A escuta se torna mais complexa. Surge o que ele nomeia *escuta gestáltica dos sistemas resistenciais* do paciente.

> *[...] forma, estilos, modo de funcionamento, atmosfera relacionais, caracterizando o que pode ser denominado de escuta estética [...]. Em vez de fragmentos, lacunas e sequências, como na escuta das trilhas associativas, este segundo tipo de escuta capta "uma totalidade, um estilo, um modo de funcionar"* (FIGUEIREDO, 2014, p. 126).

Você poderia me dar um exemplo desse segundo tipo de escuta?

Até dois! Um paciente preenche as sessões com relatos sobre "teorias da conspiração". Ele me conta como percebe claramente em seu trabalho quem está contra quem, quem vai passar rasteira em quem e como ele mesmo, ao perceber o que certo colega pretende fazer com ele, acaba se antecipando e se defendendo. Há outra modalidade de teorias, as "teorias da traição": percebeu claramente o olhar de um amigo dirigido à sua esposa, percebeu também como a esposa roçou seu cotovelo no cotovelo de outro amigo que se sentou perto dela no restaurante e como ela rapidamente olhou para baixo quando notou que ele percebeu. O que fazer com o relato de todas essas teorias de cunho francamente paranoico? Como escutar esse tipo de material? Meu ponto de partida foi uma escuta gestáltica. A criança-no-adulto está tentando me mostrar que é esperta, que ninguém a faz de boba, que percebe as "motivações ocultas" dos adultos em relação a ela e que não vai engolir passivamente qualquer coisa que eu lhe disser. Uma intervenção em que "reconheço sua esperteza", isto é, a da criança-nele, começa a desmanchar o clima paranoico que o simples fato de estar em análise (o analista é visto como alguém que pode tentar "fazer a cabeça dele") produz nesse paciente.

Outra paciente diz, nas primeiras entrevistas, que sentiu uma empatia especial comigo – acha que tem a ver com minha voz. Começada a análise, desenvolve um padrão comportamental curioso. Assim que chega, enche um copo com água na sala de espera e o leva para a sala de análise. Toma a água devagar, enquanto conversa comigo. Enquanto toma água, age como se a sessão ainda não tivesse começado e fala sobre amenidades. Diz que é um momento muito importante para ela. Não poderia se deitar no divã sem isso. Em seguida, ela se deita e começa a falar de "coisas analíticas".

Entretida pelos "assuntos analíticos", levo alguns meses para perceber que nada sobressai especialmente. Onde está a repetição de um ou dois temas que nos dão notícias da angústia e do enrosco com o objeto primário? Em certo momento há um material significativo. Ela, que é meio desajeitada com bebês e não sabe muito bem como pegá-los, segurou um bebezinho no colo. Ele se aninhou em seu corpo, encostou a cabeça no seu ombro e dormiu. Ela ficou imóvel, extasiada, maravilhada com aquela sensação, até ele acordar. Foi uma experiência incrível para ela. Passou a ter uma relação muito forte com esse bebê. As coisas vão indo nessa toada até minhas primeiras férias, que são muito difíceis para ela. Quando volto, ela fala sobre a morte de duas pessoas conhecidas e diz que "espera que sobre alguém vivo". Está bastante regredida, sem energia e não consegue mais trabalhar.

A escuta analítica polifônica envolve o conjunto das formas de associatividade desse material, em que elementos inconscientes encontram várias maneiras de se expressar. Primeiro, há o contato sensorial pela via da voz e do olhar face a face, que acompanha a conversa prazerosa (lúdica?) sobre amenidades; o copo de água, tomado devagar, em pequenos goles, parece mais significativo nesse momento do que o que acontece no divã; há o relato de uma verdadeira epifania, quando experimenta o contato corporal com o bebê, que adormece com a cabeça em seu ombro; depois, a separação das férias tem consequências catastróficas e a referência às duas mortes.

E, então, de repente, esse conjunto se organiza em uma *Gestalt*. Graças à "legenda" que me é dada pela associação verbal com o "bebê que se aninha no colo", o momento do copo de água me produz um impacto estético e passa a ter um sentido. É ali que está a repetição e não nos "assuntos analíticos". Enquanto toma o copo de água e conversa sobre amenidades, eu "vejo" a criança-nela aninhada em meu ombro durante alguns minutos a cada sessão. Sem saber muito bem qual era o sentido disso tudo, sabia, no entanto, que precisava permitir que isso acontecesse pelo tempo necessário, sem interpretações prematuras – como ela, que ficou imóvel com o bebê no colo até ele acordar. Esse também é um bom exemplo de "fato selecionado", noção proposta por Bion no quarto momento da história das escutas em análise. Falaremos disso daqui a pouco.

O interessante é que esse processo de se aninhar no meu colo é interrompido, a cada sessão, quando termina seu copo de água e vai para o divã. A repetição desses dois tempos parece ser, justamente, o que está em jogo na transferência: a possibilidade de estabelecer um vínculo corporal primitivo e prazeroso com a analista, que representa um aspecto da figura materna, ao mesmo tempo em que se abre delicadamente o espaço para elaborar a separação corporal, quando vai para o divã. Contanto que essa separação não seja violenta! A reação dela às minhas férias mostra que ela se sentiu violentamente "expulsa" do precioso corpo a corpo que se instalara. É então que me dou conta do conjunto desse movimento, o qual revela algo da ordem do trauma precoce que se repetiu na situação analítica, e que agora pode começar a ser colocado em palavras.

O exemplo é muito claro. Ilustra tanto a presença da linguagem do corpo quanto a escuta de uma forma, de uma totalidade, captada por uma sensibilidade estética. E o terceiro momento dessa história das escutas analíticas?

O terceiro momento, segundo Figueiredo, é o kleiniano. Além da escuta das trilhas associativas verbais e da apreensão estética de uma forma, Klein introduz a *escuta das identificações projetivas*. Aqui entra em cena, pela primeira vez, a *escuta da contratransferência*. O que "acorda" o analista para esse tipo de escuta é a percepção de que, de alguma forma, ele perdeu a liberdade de ser ele mesmo. Ele acaba percebendo que está sendo colonizado por um corpo estranho que provém da transferência, na qual a pulsão e suas derivações (os elementos não verbais) exercem pressão sobre o analista. Ele é convocado, com maior ou menor força, a se identificar com um objeto interno não integrado pelo eu do paciente.

Eu me lembro de certa paciente masoquista com quem, vira e mexe, eu me via exercendo algum tipo de sadismo.

E há aqueles pacientes com quem não conseguimos dizer certas coisas que achamos que deveríamos dizer; ou aqueles com quem temos a sensação de falar bem mais do que gostaríamos. Ou, então, com quem nos sentimos obrigados a ficar imóveis, quase sem respirar para não sermos intrusivos ou para não produzir uma explosão de fúria; ou, ao contrário, com quem sentimos que não conseguimos ficar em silêncio. Aqueles com quem sentimos que o ambiente está tenso, carregado, como se fosse desabar um temporal; ou aqueles que nos parecem "ralos", difíceis de apreender. Há ainda aqueles por quem, por mais que tentemos, não conseguimos sentir empatia. Com quem atuamos um supereu excessivamente crítico, ou a quem tentamos proteger do massacre de seu próprio supereu. Pacientes com quem sentimos que precisamos tirar leite de pedra, ou a quem tentamos manter vivos e esperançosos, lutando contra o clima mortífero e sem esperança que se instalou na transferência. Aqueles com quem experimentamos o nada, o horror do vazio. Alguns com quem perdemos todo o senso de humor, ou, ao contrário, com quem nos percebemos apelando demais para interpretações bem-humoradas. Pacientes com quem começamos a falar de uma maneira que não é a nossa: caprichamos no português ou, então, usamos mais gíria do que seria o nosso natural, tomamos cuidado para não usar expressões chulas, ou as usamos demais da conta. Pacientes de quem gostamos demais ou de menos, de quem temos pena ou raiva, que nos dão vontade de entrar em discussões sobre algum tema, que nos irritam ou nos encantam, que nos dão medo ou intimidam. Há aqueles que nos deixam perplexos, como se viessem de Marte, e outros que nos parecem excessivamente frágeis. Existem ainda aqueles que fazem com que a gente sinta que não voltarão na próxima sessão, nos dando notícias de como é frágil o vínculo com o objeto interno, enquanto há quem nos faz sentir que não irão embora nunca. Sem falar daqueles que a gente não quer, de jeito nenhum, que nos abandonem, enquanto outros, que ameaçam demais e por muito tempo nosso narcisismo, produziriam alívio se fossem embora. Alguns com quem sentimos que não aguentariam uma frustração, outros com quem temos dificuldade especial em ocupar o lugar daquele que frustra, como se isso equivalesse a uma crueldade inominável. Aqueles com quem perdemos a criatividade clínica, que não nos despertam nada, e com quem nos transformamos em analistas "operatórios", repetidores de falas burocráticas, já lidas em algum texto ou já ouvidas de algum colega. Há também aqueles com quem sentimos vontade de fazer ou dizer coisas fora do enquadre, enquanto outros nos transformam em guardiães fanáticos do dispositivo analítico.

Chega! Chega! Não precisa fazer uma lista exaustiva (risos), já entendi que a escuta da contratransferência é um caminho precioso para a compreensão da transferência.

(*Risos.*) Pois é, e todas essas maneiras de "perder a liberdade", como diz Figueiredo, todos esses efeitos da identificação projetiva mostram que fomos atingidos em nossa corporeidade. É nosso corpo ou, se você preferir, a parte mais primitiva de nosso psiquismo, que vai sintonizar com a linguagem corporal do afeto em estado bruto de que fala Roussillon (2012a). Nesse tipo de comunicação, o analista tem que funcionar, segundo esse autor, como o "espelho do negativo" do paciente: ele precisa refletir aquilo que está *negativado*, defendido, clivado, inacessível, inconsciente para o paciente.

Naturalmente, na escuta da contratransferência não há certo e errado, coisas que deveríamos ou não deveríamos sentir, que deveríamos ou não deveríamos fazer. Não é isso que importa. Sem essa escuta não temos como recuperar a liberdade perdida, condição para tentar nos diferenciar e nos separar do objeto interno do paciente com o qual estamos identificados e, por isso, mesmo perpetuando a repetição sintomática.

Podemos passar para o quarto momento?

O quarto momento proposto por Figueiredo em sua história das escutas em análise é o momento bioniano, no qual surge um novo tipo de escuta para além da contratransferência: a *escuta imaginativa*, que envolve a *rêverie* do analista. "A *rêverie* converte-se, assim, em uma espécie de dispositivo de escuta" (FIGUEIREDO, 2014, p. 127). Além da escuta imaginativa, Bion contribui com o conceito de *fato selecionado*, graças ao qual a escuta das trilhas e dos fragmentos associativos do primeiro momento se articula com a escuta gestáltica-estética do segundo.

Como naquele exemplo da sua paciente que tomava o copo de água?

Exatamente! A associação verbal, que vem na forma de uma descrição do que ela sentiu quando o bebê se aninhou no seu colo, é o fato selecionado que me permite "sonhar" e dar sentido ao comportamento, apreendido em uma Gestalt, de tomar o copo de água conversando sobre amenidades antes de se deitar. Da mesma forma, no caso daquela paciente da transa mítica, as associações verbais em torno do sonho da piscina funcionam como uma legenda e desencadeiam a escuta imaginativa, que dá algum sentido ao comportamento compulsivo de comer e dormir.

E o quinto momento?

É o momento que Figueiredo denominou *escuta empática*, estratégia por meio da qual o analista tentará escutar o sofrimento emudecido da criança-no-adulto. Ele afirma que devemos a Kohut e a Winnicott a possibilidade de escutar aquilo que não aconteceu, os efeitos traumáticos das necessidades do eu que não foram atendidas pelo objeto primário. Winnicott (1988) usou o termo *preocupação materna primária* para um estado de extrema sensibilidade regressiva, que permite à mãe escutar, reconhecer e atender, de maneira suficientemente sintônica, às necessidades somatopsíquicas do eu da criança.

A escuta do sofrimento narcísico silenciado por operações defensivas poderosas, como a hiperadaptação em falso *self*, ou a pura e simples desistência de encontrar um objeto suficientemente sintônico, depende do tato e da empatia do analista. Nas palavras do autor:

> *As necessidades do eu, quando precocemente traumatizadas, ou seja, quando não foram encontradas e reconhecidas sistematicamente pelos objetos primários, tendem a se retrair e permanecer silenciosas, enregeladas, petrificadas e clivadas [...]. É preciso ir ao encontro e reconhecer justamente o que se mantém no silêncio; mas como escutar o inaudível?* (FIGUEIREDO, 2014, p. 128).

Tentando dar um estatuto metapsicológico à empatia, Roussillon (2012b, 2014) propõe o conceito de identificação narcísica de base, ligada à dimensão mais corporal/primitiva do psiquismo. É com ela que "escutamos" a linguagem do corpo do outro. A preocupação materna primária é o estado em que esse tipo de identificação tornou a mãe efetivamente capaz de se identificar *em duplo* (ROUSSILLON, 2008b) com o psiquismo primitivo do bebê. Se não estiver excessivamente defendida, ela "sentirá com ele", reconhecendo nela mesma algo análogo a seus (dele) estados emocionais. A identificação narcísica de base torna o analista sensível e empático ao sofrimento mudo da criança-no-paciente.

Você tem um exemplo dessa escuta empática?

É difícil descrever algo que não se mostra de maneira alguma, ou que se mostra pelo negativo. Levo algum tempo para perceber que um jovem empresário – bem apessoado, culto, inteligente, articulado, mas totalmente desvitalizado – repete na situação analítica um comportamento hiperadaptado. Chega, deita e fala do que ele entende serem "assuntos analíticos": sua dificuldade na relação com o filho, a irritação com uma esposa infantilizada e psiquicamente ausente, o ódio do pai invasivo e crítico.

Lembra aquela sua paciente do copo de água, que também falava de "assuntos analíticos".

Bem lembrado! Só que há um tipo de sofrimento emudecido, do qual ele não se queixa, não porque não queira, mas porque não consegue "se sentir": ele não tem empatia consigo mesmo. O que nos mostra sua identificação com um objeto interno "duro", não empático. A dor de não conseguir se comunicar verdadeiramente com outro ser humano está emudecida. Ele vive em uma solidão atroz e acha que a vida é assim mesmo.

E veja, é importante "embarcar" nos assuntos cotidianos, até porque são temas que, de fato, produzem sofrimento, mas é um sofrimento consciente. O sofrimento inconsciente tem a ver com a experiência de não poder contar com absolutamente ninguém para o que realmente importa. Por isso, não posso perder de vista que, de alguma forma, ele se esconde atrás das palavras.

Lá pelas tantas – não consigo explicar como –, simplesmente percebo que o perdi de vista. Fiquei falando com a "casca", enquanto a "polpa" não está mais lá. A imagem que me vem é de um menino triste, tímido, introvertido, que se esgueira silenciosamente pelas paredes da casa, quase invisível. Não pede nada e tenta não incomodar. Ninguém percebe que ele está lá, sozinho, fechado em um mundo do qual ninguém sabe rigorosamente nada. Quando o perco de vista, o abandono traumático e a solidão se atualizam na transferência. Mais uma vez, o objeto não reconheceu as necessidades do eu. A diferença que consigo introduzir na pura repetição é identificar esses momentos e lhe dizer que o perdi de vista. Paradoxalmente, quando digo isso, propicio a experiência emocional de uma maneira muito fundamental de reconhecimento. Tanto que ele, que nem sabia que estava escondido, se emociona e fica aliviado ao "ser encontrado".

É um trabalho sutil e delicado! Você disse que Luís Claudio Figueiredo menciona um sexto momento, o momento atual.

Sim, e acho que, com isso, podemos encerrar nossa conversa sobre escuta analítica. Ele afirma que hoje não podemos ignorar a importância de todas as estratégias de escuta que foram sendo desenvolvidas ao longo da história da psicanálise.

> *Hoje, a noção de "atenção igualmente flutuante" deve incluir uma dimensão não prevista por Freud: a flutuação entre diferentes canais de comunicação, entre as diferentes vozes – incluindo as caladas, ou entrecortadas [....]. Cria-se uma escuta ampliada, diversificada, paradoxal – uma escuta verdadeiramente polifônica* (FIGUEIREDO, 2014, p. 135).

Obrigado, aprendi muito com esta conversa. Que tal falarmos, em breve, sobre trauma e simbolização?

Ótima ideia! Vou me preparar para isso.

3. Trauma e simbolização

Olá, caro colega, sobre o que gostaria de conversar hoje?

Sobre um tema que vem aparecendo desde a nossa primeira conversa: o trauma e seus efeitos psíquicos. Sei que o sentido de trauma para a psicanálise não é o mesmo do senso comum.

Tem razão. No senso comum, a gente diz "fiquei traumatizado" com muita facilidade. Às vezes, tem a ver com a definição psicanalítica de trauma; às vezes, não. Na definição oficial, metapsicológica, dada por Freud em 1920, trauma é um afluxo excessivo de energia que rompe o escudo protetor, invade o aparelho psíquico e o desorganiza.

Conheço essa definição. Mas receio que seja um conhecimento dissociado da clínica.

Você quer saber quais são os efeitos clínicos do trauma, isto é, que tipo de sofrimento psíquico ele produz? O aparelho psíquico pode ser pensado como um aparelho de digestão e metabolização de nossas experiências emocionais, que funciona 24 horas por dia (ainda que de maneira incompleta). Essa função, chamada simbolizante, se dá em dois tempos:

- O primeiro impacto da experiência (a experiência em estado bruto, seus dados sensoriais, perceptivos, afetivos e motores, chamados traços mnésicos ou matéria prima psíquica) precisam ser transformados em imagens mentais. Essa primeira inscrição psíquica da coisa, na qual a matéria-prima psíquica é transformada em representação-coisa, é a simbolização primária (ROUSSILLON, 1999).

- O segundo tempo da simbolização, a simbolização secundária, transforma a representação-coisa em representação-palavra: ela é inscrita no aparelho de linguagem e pode ser comunicada verbalmente.

Pois bem: o efeito clínico do trauma é interromper esse processo em algum ponto. Roussillon diferencia o trauma primário, que impede a simbolização primária, do trauma secundário, que impede a simbolização secundária.

Enquanto você explicava, me veio à imagem as duas etapas envolvidas na preparação de pão. A primeira transforma as espigas de trigo em farinha. A segunda, farinha em pão. Seria algo assim?

Sua analogia é ótima, muito didática! Se me permite, gostaria de usá-la nos meus cursos – naturalmente dando os créditos a você. (Risos.) Espigas podem virar comida, mas a gente não pode comer as espigas. Não dá para fazer pão com espigas. Da mesma forma, o psiquismo não pode trabalhar com a matéria-prima em estado bruto. É preciso transformar os traços mnésicos da experiência, as espigas, em farinha, que correspondem às representações-coisa. É a simbolização primária.

Farinha já é comida, tanto que a gente pode comer massa de bolo crua. A representação-coisa já é psíquica. Mas para ser inscrita no aparelho de linguagem, a representação-coisa precisa se ligar a uma representação-palavra. É a simbolização secundária.

Note que, do ponto de vista da técnica, há dois processos bem diferentes envolvidos nisso: o primeiro é debulhar e moer os grãos de trigo; o segundo é fazer uma massa e colocar no forno.

O analista também trabalha com "técnicas" diferentes para propiciar a simbolização primária e secundária?

Sim, definitivamente. Em seu livro *Le jeu et l'entre je(u)*, Roussillon (2008b) diferencia claramente dois modelos para o trabalho analítico. A simbolização primária exige que o analista trabalhe de acordo com o modelo do jogo. Ele tem uma postura mais implicada e participa ativamente do processo por meio do qual a compulsão à repetição vai sendo transformada em repetição simbolizante. Para a simbolização secundária, o analista trabalha segundo o modelo do sonho, em que o paciente produz associações livres interpretadas por um analista, cuja postura é mais reservada, mais discreta. Vou lhe trazer dois casos que ilustram como esses dois modelos se articulam. Por enquanto, vale sublinhar que o trauma primário é o que impede a transformação de espigas em farinha, e o secundário, da farinha em pão.

Isso quer dizer que o trauma primário bloqueia a simbolização primária e o trauma secundário impede a simbolização secundária. Vou precisar mesmo da ajuda dos dois casos clínicos para entender isso.

Ideias novas nos dão trabalho, mas valem a pena! Levei um tempo para entender que o trauma primário leva à constituição de núcleos psicóticos, enquanto o secundário, de núcleos neuróticos.

Se eu tivesse que resumir em uma frase o objetivo do trabalho analítico, seria oferecer condições para que o paciente possa realizar seu trabalho de simbolização do traumático.

Freud começou falando de trauma em 1895 (FREUD, 1975o), quando relacionou a histeria com o trauma da sedução. Era algo real, que tinha acontecido com a criança. Mas depois, em 1897, acabou se convencendo que não era possível que tantas crianças tivessem sido seduzidas. A sedução não tinha acontecido na realidade, mas era uma realidade para o psiquismo, criada pelo desejo e pela sexualidade infantil. E como você mencionou, em 1920, ele voltou a falar de trauma como um acontecimento que rompe o escudo protetor. Afinal, o que é interno e o que é externo nesse acontecimento?

Como você já deve ter percebido pelas conversas anteriores, não sou muito chegada a revisões históricas do tipo acadêmico. Há excelentes trabalhos nessa linha que você pode consultar. Eu me interesso mais por autores que extraem da bibliografia os grandes movimentos do pensamento psicanalítico. É o caso de um artigo do Roussillon (2002), que mostra os pontos de inflexão mais significativos da teoria do trauma.

Como você disse, o pontapé inicial foi dado por Freud nos *Estudos sobre histeria*, publicado em 1895 (FREUD, 1975o). Naquele momento, ele vê o trauma da sedução como um acontecimento externo, pensado em termos absolutos, independente do psiquismo que o sofre.

Mais ou menos na mesma época, na parte II do projeto, Freud (1975n) mostra, com o caso Emma – que desde a adolescência apresentava fobia ao entrar em lojas –, que o trauma se dá em dois tempos. O tempo I do acontecimento sexual se dá quando ela tem 8 anos, em uma confeitaria, aparentemente sem deixar marcas.

Mas aos 12 anos, quando entra em uma loja, a risada dos vendedores a deixa aterrorizada e ela sai correndo. A fobia começa aí.

Por que aquela risada a aterroriza?

Porque só agora, no tempo II, com a puberdade, ela está em condições de atribuir um sentido ao que aconteceu aos 8. O trauma aqui não é apenas o acontecimento externo, mas uma articulação entre elementos internos e externos. É, por isso, que o que tem valor traumático para uma pessoa não tem, necessariamente, para outra. Ou seja, ele é relativo à capacidade de simbolização de cada psiquismo a cada momento.

Um terceiro ponto de inflexão se dá em 1920. Freud fala do trauma como aquilo que produz efração psíquica, mas não especifica a natureza do acontecimento. Isso abre espaço para pensarmos que o trauma não precisa ser de natureza sexual para produzir esse efeito.

Nessa linha, Ferenczi (2011b) afirma que o traumático não era apenas o abuso sexual, mas principalmente sua negação por parte dos adultos.

Bem lembrado. No texto que estou citando, Roussillon (2002) assinala dois novos pontos de inflexão que devemos a ele:

- Ele inclui na cena traumática um adulto cujo modo de presença é tóxico em si mesmo, pois quando nega que algo terrível aconteceu, quando proíbe a criança de falar sobre isso, bloqueia sua possibilidade de elaboração.

- Mostra que o trauma sexual produz sofrimento narcísico e efeitos patogênicos na constituição do eu, já que a criança tende a atribuir a culpa do que aconteceu a si mesma. Surge a noção de trauma narcísico.

Ferenczi (2011c) fez várias outras contribuições importantes à teoria do trauma.

Tem razão. Não entendi por que Roussillon "passou batido" por elas. Talvez porque ele só queria chegar à noção de trauma narcísico, ponto de partida para sua própria contribuição à teoria do trauma.

Em *A criança mal acolhida e sua pulsão de morte*, de 1929, Ferenczi (2011a) mostra que o bebê mal narcisado pelo ambiente desenvolve núcleos melancólicos, e relaciona certos distúrbios na constituição do eu ao trauma precoce. Em *Confusão de línguas*, publicado em 1932, ele afirma que as crianças submetidas a choques emocionais são transformadas em "psiquiatras" e passam a cuidar de "adultos enfurecidos, de certo modo loucos" (FERENCZI, 2011b, p. 105). Isso sem falar na impossibilidade de metabolizarem a linguagem passional - erótica ou violenta - do adulto.

Se não me engano, foi Klein (1996a) quem trouxe importantes ideias para a teoria da simbolização em A importância da formação de símbolos no desenvolvimento do ego, *publicado em 1930.*

Exatamente. Ela afirma que a angústia moderada gerada nas relações de objeto obriga o ego a procurar substitutos nos objetos do mundo, colocando em marcha o processo de simbolização. Já a angústia excessiva, como no caso Dick, mobiliza defesas que bloqueiam esse processo. Mas ela não ligou explicitamente esse excesso de angústia à situação traumática.

Roussillon, que vem estudando a metapsicologia da simbolização há muitos anos, fez uma contribuição que me parece essencial. Ele afirma que a situação traumática bloqueia o processo de simbolização, porque ela "mata" a possibilidade de haver prazer no vínculo primário entre a mãe e o bebê. Vou falar disso daqui a pouco.

Por enquanto, ainda com Ferenczi, o traumático tem a ver com as várias formas de inadequação e de toxicidade da figura parental, e elas são agravadas quando o adulto não as reconhece ou quando as desmente.

Mas por que ele as desmente?

Eu acho que o desmentido se deve ao fato de que o adulto está atuando questões que são inconscientes para ele. Por isso, ele não tem como reconhecer a toxicidade de certo modo de presença. É importante lembrarmos disso para não ficarmos com raiva dos pais. (Risos.)

Seja como for, depois de Ferenczi, o trauma não pode ser reduzido a um acontecimento único, com dia e hora. Ele é cumulativo. Nesse sentido, a expressão "situação traumática", ou simplesmente "o traumático", soa mais precisa do que "trauma", que parece algo mais pontual.

Como você sabe, Winnicott também toma em consideração o papel facilitador ou patogênico do ambiente e aprofunda a ideia de trauma narcísico com a noção de agonia psíquica.

Como ele define agonia?

O tempo X é aquele em que o aparelho psíquico usou e esgotou seus recursos para lidar com o excesso de excitação: autoerotismo, capacidade de ligação, de descarga, de adaptação, agressividade e fuga. A situação é apenas potencialmente traumática, mas acaba se tornando realmente traumática em função das respostas inadequadas do ambiente nos tempos y e z.

No tempo X + Y há duas possibilidades. No melhor dos casos, o sujeito encontra um objeto de socorro e consegue firmar um contrato narcísico com ele: "Você me salva e eu pago o preço que você pedir". Conhecemos bem, na clínica, as alianças francamente patológicas que o sujeito estabelece com o objeto visto como "salvador". No pior dos casos, o sujeito espera encontrar um objeto de socorro, mas não consegue firmar um contrato narcísico com ele: ou porque o objeto simplesmente não aparece; ou porque exige um preço impossível de ser pago; ou porque, quando aparece, torna as coisas piores. A reação de raiva impotente sinaliza a entrada no terceiro tempo X + Y + Z, que é de franca agonia.

No tempo X + Y + Z, o estado de sofrimento se prolonga por um tempo além do suportável. O sujeito já não tem esperança de ser salvo pelo objeto e entra em estado de agonia. A raiva impotente cede lugar a um estado de desespero existencial, em que o sujeito sente uma vergonha imensa de ser/existir, sente-se culpado e responsável por não ter conseguido resolver a situação traumática.

Reconheço claramente esse efeito do trauma na minha clínica. Se é que entendi, há dois elementos que compõem a situação traumática: o que se passa e a impossibilidade de dar sentido ao que se passa, seja porque o ambiente não consegue prover as condições para a simbolização da experiência, seja porque o psiquismo não estava preparado para o que aconteceu.

Em 1920, Freud (1975d) já havia percebido a importância do susto ou terror na situação vivida como traumática. O fato é que a angústia sinal (FREUD, 1975b) prepara a pessoa para o perigo, possibilitando que ela tenha mais condições de reagir ao que ameaça sua integridade física ou psíquica. Mas quando a situação parecia familiar, tranquila, a pessoa baixa a guarda e relaxa, ficando vulnerável, passível de ser pega de surpresa. Quando isso acontece, o eu é invadido pela angústia automática. É ela que bloqueia, pelo menos temporariamente, o trabalho de simbolização e, por isso, desorganiza o psiquismo.

Lembro-me de uma vez em que fui assaltado. Estava voltando de um restaurante próximo à minha casa, ao qual vou sempre jantar com minha filha. Do nada apareceu um motoqueiro, que apontou uma arma enorme na cabeça dela, exigindo dinheiro e celulares. Na hora, fiquei aterrorizado, senti um nó nas tripas, para usar um termo popular que descreve bem essa invasão pela angústia automática. Mas depois, durante uns dois meses, o mundo parecia outro, diferente, ameaçador, nada estava direito no seu lugar. É difícil descrever a sensação de absoluta estranheza do mundo; é como caminhar sobre um chão que mais parece um colchão de água, vendo as coisas de sempre como se estivessem turvas, fora de foco, inquietantes.

É exatamente a experiência subjetiva que se tem com a ruptura do para-excitação, o escudo protetor do aparelho psíquico descrito por Freud. A sensação que você descreve é o estado de sideração pós-traumática. No seu caso, a angústia psicótica durou uns dois meses, tempo necessário para a reconstituição da pele psíquica.

E imagine agora o que acontece com o tenro escudo protetor de uma criança pequena, cujos pais amorosos se transformam, de repente, em gigantes furiosos porque ela fez alguma coisa que não devia. Ela fica aterrorizada! E quando cenas desse tipo se repetem diariamente...

Bion (1962) fala em terror sem nome. Deve ser mais, bem mais aterrorizante do que um assalto, que pelo menos tem nome. Lembro que passei vários dias contando do assalto às pessoas próximas. Acho que fazia parte do meu trabalho de elaboração. O ambiente ajudou, já que, feliz ou infelizmente, várias pessoas tinham passado por situação semelhante e, por isso, se identificavam comigo.

O ambiente favorece a simbolização primária, oferecendo "objetos" que interpretam para a criança o que ela está vivendo.

Primeiro é o psiquismo da mãe que faz isso. Depois, o brincar criativo e as histórias infantis. O neto de Freud inventou o jogo do carretel para tornar perceptível e "dominável" a experiência de ausência e o retorno da mãe. A história da Chapeuzinho Vermelho interpreta para a criança os desejos e os conflitos da criança edipiana. Ela se vê ali e, com isso, pode elaborar e integrar o que sente. São exemplos do que Bollas (1992) chama de objetos transformacionais.

Os adultos também usam objetos culturais para ajudar a transformar sua experiência psíquica cotidiana. Quando a função simbolizante exercida pelo ambiente é internalizada, o sujeito pode sonhar, de modo que a simbolização primária passa a ser realizada de maneira autônoma por seu próprio aparelho psíquico. Nesse sentido, o sonho é autossimbolizante (ROUSSILLON, 2012b).

O bloqueio mais ou menos extenso do processo de simbolização primária tem muito a ver com a miséria simbólica do ambiente. Note que uma família pode ser rica e viver em estado de miséria simbólica! Como eu disse, o primeiro ambiente simbolizante é o psiquismo materno. É ele que permite à criança fazer as primeiras ligações da pulsionalidade em estado bruto. Quando isso não acontece, a pulsão pressiona em direção à descarga. Há uma tentativa de ligá-las "fora" do psiquismo, por meio do recurso a drogas, compulsões, fanatismos de todos os tipos ou, quando nada disso funciona, por meio de atuações violentas. Eu acho que o mundo está cada vez mais violento por causa da miséria simbólica que caracteriza essa nossa civilização (MINERBO, 2013b).

É assustador! Voltando à ideia de trauma em dois tempos, você estenderia essa noção também para o trauma narcísico?

Sim. Vamos primeiro entender direito a ideia de trauma em dois tempos (FREUD, 1975n). Como já disse, Emma conta a Freud dois acontecimentos: um aos 8 anos, em que ela é bolinada pelo vendedor da confeitaria. E, aos 12, em que um vendedor ri e ela foge aterrorizada. Depois disso desenvolve a fobia a lojas. À primeira vista, não conseguimos perceber o que há de tão aterrorizante em uma simples risada. A equação não fecha. A genialidade de Freud foi perceber que, aos 8 anos, ela sentiu prazer – tanto que ela voltou à loja depois disso – e que esse prazer foi recalcado.

A equação só fecha quando incluímos o retorno do recalcado, desencadeado pela risada dos vendedores – e esse é o segundo tempo do trauma. Emma a interpreta inconscientemente, como se os vendedores soubessem de seu "segredo vergonhoso". Qual? Que ela sentiu prazer ao ser bolinada aos 8 anos. Nesse sentido, a risada é a situação atual, que "acorda" o que foi recalcado no primeiro tempo, e que "retorna" para assombrá-la. É a análise que vai colocar em conexão o prazer que sentiu aos 8 anos, quando o vendedor da confeitaria tocou em seus genitais, e a risada do vendedor da loja. Para usar aquele seu modelo das espigas, farinha e pão, aqui o analista usa uma "técnica" que propicia a transformação da farinha em pão.

É o trabalho de simbolização secundária do que estava recalcado.

Isso mesmo. Agora vou dar um exemplo de como um acontecimento tardio, atual, "acorda" o trauma narcísico, que também retorna para assombrar o paciente. Só que, em vez de falar em retorno do recalcado, vamos falar em retorno do clivado (ROUSSILLON, 1999). A defesa primária que o psiquismo mobiliza para sobreviver frente ao traumático é a clivagem. O sujeito se retira da experiência, age como se ela não tivesse acontecido. Ela deixa de estar disponível psiquicamente para ele. Na sua analogia, as espigas são colocadas em um canto e não são levadas para o moinho para serem transformadas em farinha. Parte do processo de simbolização primária é bloqueado.

Imagino que o retorno do clivado se dá, clinicamente, de uma maneira diferente do retorno do recalcado.

Exatamente. Se você se lembra de nossos diálogos anteriores, tenho me referido com frequência a uma paciente, Márcia, que é tomada por um ódio quase assassino quando o marido deixa sua calça sobre a cama em vez de pendurá-la no armário.

Lembro, sim. Mas que exagero!

De fato, essa equação não fecha, a menos que a gente suponha que a visão da calça sobre a cama a retraumatiza, assim como a risada dos vendedores retraumatizou Emma. Precisamos saber o que ela vê quando a calça está sobre a cama. Sem essa informação, não vamos entender nada. Pois bem: ela vê um marido que empurra para ela uma tarefa que caberia a ele.

E daí? Precisa ficar com tanto ódio por causa disso?

No caso dela, sim. Porque a leitura que ela faz da calça sobre a cama toca em um nervo exposto, consequência do trauma precoce: ela se sente abusada pelo marido da mesma forma que se sentia abusada pelo objeto primário, que lhe empurrava a conta do trabalho psíquico que cabia a ele.

Naturalmente, guardei essa construção para mim mesma. Mas ela foi necessária para que eu pudesse sintonizar com seu sofrimento psíquico, em vez de achar que é um exagero. Enfim, acabei entendendo que a calça na cama é vivida como abuso porque atualiza alucinatoriamente uma situação de abuso anterior, que está clivada. Isso acontece porque ambas têm o mesmo jeitão: algo como "alguém forte abusa de fraco". O alucinatório é uma das formas do retorno das espigas, isto é, do clivado.

Há outras?

Sim. Outra forma de retorno do clivado é a atuação das identificações com o objeto agressor.

Ah, este conceito é de Ferenczi!

Ele era um excelente clínico. Percebeu que, inconscientemente, o sujeito trata o outro, inclusive o analista, como foi tratado. É nossa chance de tentar ajudar o paciente a transformar essas espigas em farinha. Enfim, cabe lembrar que o retorno do clivado em suas duas formas (alucinatório e atuações) apontam para um funcionamento psicótico da mente.

Entendi bem que o trauma precoce bloqueia o processo de simbolização primária, mas não entendi como ou por que isso acontece.

A dúvida é mais do que pertinente. Na verdade, é a ideia mais importante desta conversa. Preste atenção. Como se sabe, ao mamar, o bebê tem um prazer ligado à autoconservação: o ato enche a barriga e mata a fome. É um "a mais de prazer" ligado à estimulação de uma zona erógena, a boca. A novidade introduzida por Roussillon (2008a; 2008b) é que, além destes prazeres experimentados unicamente pelo bebê, há um prazer, ou melhor, uma satisfação – o termo prazer tem a ver com descarga – ligada à comunicação corporal e emocional entre a mãe e o bebê. Essa satisfação é compartilhada por ambos.

Pouco se fala de como, ao amamentar, a mãe tem prazer, não apenas erótico, mas também narcísico – basta ver como o ganho de peso do bebê é importante para sua autoestima. Fala-se menos ainda no prazer envolvido na troca de olhares, no ritmo compartilhado, no fato de que há uma profunda conexão emocional entre eles, enfim, no fato de que eles estão se entendendo.

De fato, a experiência é muito mais complexa do que parece. Mesmo para nós, adultos, encher a barriga é bem diferente de um jantar especial com amigos queridos. Aliás, a comida nem precisa ser especial: o jantar se torna especial por causa do clima afetivo e da conversa significativa.

Em relação à amamentação, o seio pode ser substituído pela mamadeira ou pela chupeta – nesse sentido, o objeto é contingente, qualquer um serve. Mas a comunicação primitiva não acontece com qualquer um. Tem que ser a mãe, porque é ela quem está profundamente conectada às necessidades físicas e emocionais do bebê.

Em geral, a dupla acaba criando uma linguagem própria, na qual eles se entendem. É isso que você está chamando de comunicação primitiva?

Exatamente! Este termo foi criado por Roussillon. Quando os corpos se comunicam bem, há uma coreografia primitiva que flui. Mas há situações em que, principalmente por questões inconscientes da mãe, há um desencaixe e um estranhamento no corpo-a-corpo inicial: um pisa nos calos do outro! Enfim, é muito chato dançar assim, não acha? No lugar do prazer necessário, eles ficam enganchados em uma relação que é fonte de sofrimento para ambos. A ausência de prazer vai prejudicar o processo de simbolização, que começa justamente no seio da comunicação primitiva (ROUSSILLON, 1999; 2001; 2008a; 2008b).

Quer dizer que o sofrimento dos calos pisados, dia após dia, acaba funcionando como trauma cumulativo?

Sim. O traumático coloca Tânatos em movimento, porque o aparelho psíquico terá como tarefa primordial defender o sujeito da experiência dolorosa em que se transformou a coreografia primitiva. A clivagem e a evacuação das experiências dolorosas seguem na contramão do processo de simbolização. Percebe a relação entre trauma e bloqueio da simbolização?

Mais ou menos. Gostaria que você fosse mais clara.

Faltou dizer que o processo de simbolização depende de um funcionamento mental pautado por Eros, que é a energia erótica ou libido, que permite ao sujeito fazer as ligações psíquicas, de modo a reter as experiências emocionais no interior do psiquismo. Reter para ligar, ligar para reter: é nesse nível microscópico da fisiologia do aparelho psíquico que se estabelecem as condições fundamentais para transformar, digerir e integrar.

A libido é a energia necessária para que o psiquismo tolere a complexificação da vida psíquica, no lugar da simplificação; para que ele consiga digerir em vez de evacuar; para estabelecer novas relações internas e externas, no lugar da tendência ao Zero, ao Nirvana, à desobjetalização, como propôs Green (1988a). Esse é o regime psíquico pautado por Eros, que precisa predominar sobre Tânatos. A simbolização tem que produzir algum prazer, caso contrário será odiada e atacada. Você já deve ter lido Bion, para quem o funcionamento psicótico se caracteriza por um vínculo – K, contrário ao conhecimento da experiência emocional dolorosa. É um funcionamento tanático.

Como você vê, é a libido produzida no vínculo primário – no nível da autoconservação, do prazer erógeno e da satisfação ligada à comunicação corporal/emocional bem-sucedida – que "instala" a função simbolizante no psiquismo, para usar uma terminologia bem atual.

Agora entendi. Quer dizer que sem libido, nada de trabalho psíquico.

Exato. Sem libido, nada de trabalho psíquico.

E como o trauma produz sofrimento psíquico em vez de prazer, coloca em movimento um regime de funcionamento mental defensivo, no qual as experiências dolorosas tendem a ser evacuadas. A experiência deixa de estar disponível no interior do aparelho psíquico para ser transformada e integrada.

Perfeito!

Acho que agora podemos passar aos exemplos que você me prometeu para ilustrar as duas formas do retorno do que foi clivado para defender o sujeito do trauma primário.

Primeiro, vou resumir para você um trabalho maravilhoso de uma psicanalista belga, Marie-France Dispaux (2002), que ilustra, com o caso de Rafael, o retorno do clivado por meio do alucinatório, bem como o processo de simbolização primária. Depois, vou mencionar mais rapidamente o trabalho de um casal de analistas belgas, Jaqueline e Maurice Haber (2002), que traz Francine para ilustrar o retorno do clivado na forma de uma atuação, bem como a simbolização primária que foi possível naquela situação.

Sou todo ouvidos!

Rafael chega atrasado na primeira entrevista porque "se perdeu". Tinha mostrado este receio já ao telefone. Ela percebera a insegurança em sua voz. Veio por indicação do psiquiatra. Tem vontade de morrer. O tom de voz é frio, cindido da máscara de sofrimento que se vê em seu rosto. Sua linguagem é barroca, articulada, autossuficiente e fria, mas, curiosamente, ele não desgruda os olhos dela enquanto fala.

Conta que foi mandado a trabalho para outro país há seis anos, onde teve de lidar com um chefe exigente que só o criticava. Foi se encolhendo até não conseguir mais fazer nada. Travou. Voltou à sua cidade, onde não consegue fazer nada, apesar da medicação que está tomando. No final da entrevista, a analista percebe que ele está esgotado, tal foi o esforço emocional que ele fez. Na hora de ir embora, ele leva muito tempo para conseguir sair do consultório.

A analista escuta o "tenho medo de me perder a caminho do consultório", assim como se perdeu no país estrangeiro, como expressão de um eu à deriva – o sofrimento narcísico-identitário. Percebe a arrogância defensiva que se expressa por meio de sua linguagem preciosa e fria. Percebe também que Rafael não pode perdê-la de vista, nem antes, nem durante a entrevista, mostrando a necessidade que o eu tem de um apoio sensorial para se manter minimamente organizado.

Junto com tudo isso, a analista se percebe tendo que se implicar de forma diferente com esse paciente. Logo de cara, a contratransferência havia sido mobilizada pela insegurança brutal de Rafael. Normalmente, ela conduz o paciente à sua frente até a sala de análise. Mas Rafael pede para ir atrás dela. Ela hesita um pouco, mas pressente que é importante e faz o que ele pede. Ela aceita ser um pouco desalojada de sua zona de conforto e, com isso, faz contato com o paciente, que está totalmente desalojado da dele.

A história de que Rafael conta é pobre e tende a ser factual. Pouquíssimas lembranças. O estilo muito formal, muito composto, deixa a analista perdida. Tem 38 anos, nasceu em país em regime ditatorial, o pai era um alto funcionário desse regime. Quando tem seis anos, a família se muda para Bélgica e, lá, o paciente é alfabetizado em um francês empolado. Quando o regime muda, o pai perde o cargo oficial e não pode voltar para seu país. Tornam-se imigrantes comuns, sem dinheiro. Ele é bem-sucedido nos estudos, se casa, tem um bom emprego e é enviado ao exterior a trabalho, quando descompensa. O tom de seu relato é frio, desencarnado.

Na terceira entrevista, ele fala com a mesma frieza sobre seu ódio aos militares. O clima é pesado, opaco. Acompanhando-o à saída, a analista o "vê" vestido em um paletó tipo militar, verde, com botões dourados. Quando se despede, ela tem a sensação de que ele está "habitado por outro". No entender da analista, esse momento alucinatório (o paletó não tinha botões dourados) indica uma clivagem no eu: uma parte do eu está invadido, habitado e colonizado pelo objeto traumatizante (representado pelo militar). Da mesma forma, a angústia do paciente está clivada, não combina com seu discurso tão articulado, mas é captada pela contratransferência da analista.

A análise começa no início de janeiro. A analista propõe um enquadre de uma vez por semana, face a face.

Ué? Por que tão pouco para um paciente que está tão fragilizado?

Era um enquadre mínimo para uma situação tão grave, mas o único que ele conseguiria utilizar e do qual poderia se apropriar. O face a face é porque ela havia percebido que ele precisava poder olhar para ela. Uma sessão apenas porque, como naquele momento ele estava muito desorganizado e sem noção de tempo e espaço, mais sessões semanais seriam mais uma fonte de tensão do que de ajuda. Mas ela deixou aberta a possibilidade de aumentar o número de sessões quando ele pudesse fazer uso delas. A alteração no enquadre viria de dentro para fora.

Rafael passa a descrever naquela linguagem preciosista o vazio de seus dias, a dificuldade em se levantar da cama, sua errância pelos corredores do lugar em que trabalha. Ele não consegue sequer ficar sozinho na sua sala, nem estar com as pessoas. Mesmo em sua casa, não consegue ficar na sala, no escritório; fica entre o quarto e a cozinha, e evita o quarto dos filhos.

Conforme ele vai falando, a analista tem a impressão de ver um fantasma errante em um mundo afetivamente desértico. Na sessão, a atmosfera é parecida: ele não desgruda o olhar, mas quase não aguenta as manifestações da presença e da escuta da analista. Apesar disso, nunca falta. Às vezes, a analista tem a impressão de ver um fio associativo naquilo que ele diz. Se ela faz uma ligação entre uma coisa e outra, ele imediatamente a destrói com um "e daí?", que gela o sangue da analista. Ela se pergunta do que ele se protege, ou nos protege, com a violência terrível desse "e daí?".

Um mês e meio depois, em meados de fevereiro, Rafael diz que teve um sonho bizarro *antes* de adormecer. "Estou em um mundo de fogo e sangue". Ele descreve a guerra, o barulho, o furor, o sangue e os gritos com grande precisão, mas com sua linguagem afetada. O abismo que há entre o que ele conta e como o faz lança a analista em um mal-estar quase intolerável. E, então, para surpresa da analista, ele diz: "depois de ter imaginado tudo isso, por incrível que pareça, consegui dormir bem".

Aquilo era um sonho?

Não exatamente. Era uma das formas de retorno do clivado: o alucinatório, que é uma forma de apresentação do traumático. É um material pré-psíquico, ainda em estado bruto; são espigas que ele precisará transformar em farinha.

E como a analista o ajudou nesse processo?

Ela nos conta que, durante muitas sessões, eles entraram juntos nesse mundo de fogo e de sangue. Nota que Rafael está mais animado. Ela sente que há mais vida no meio do barulho, da fúria, do fogo e do sangue do que no deserto afetivo anterior. Inicialmente, o paciente fala desse horror como se estivesse dentro de uma bolha sozinho. Depois, a mulher e os filhos estão junto com ele.

Surge, então, a imagem da arca de Noé. Dispaux já não sabe dizer quem – ela ou ele – foi o "autor" dessa associação, o que mostra que o trabalho vai sendo feito em coautoria. A imagem que surgiu falava simultaneamente do desamparo em meio à tempestade e de um lugar protegido, em que é possível sobreviver. Um tecido associativo, que não era nem aquela frieza do discurso altamente organizado, mas defensivo, nem a violência bruta do mundo de fogo e sangue, vai sendo criado em torno dessa imagem. É uma primeira forma de interpretação.

Mas essa conversa em torno da arca de Noé é uma interpretação?

Não é uma interpretação clássica, daquelas que propicia a simbolização secundária. Mas é uma interpretação se você ampliar o sentido do termo para qualquer intervenção do analista que gere novas associações, promovendo o processo de simbolização primária. Pois a imagem da arca já é uma primeira transformação do material alucinatório que se apresentava em estado bruto.

Veja, uma interpretação que fizesse a conexão entre a arca de Noé e a análise poderia levar o paciente a dizer "é mesmo". Mas o processo associativo que estava apenas começando seria interrompido quando ele concordasse com a analista. Em vez disso, eles usam o mito da arca de Noé de forma insaturada, para ir criando um tecido psíquico, no qual havia um buraco de simbolização primária. Eles falaram da devastação do dilúvio, do espaço protegido da arca e foram se lembrando, juntos, das variações desse mito nas diversas civilizações. Esse trabalho mediatizado por um elemento da cultura não era ameaçador para ele; era algo que ele podia usar.

No fim de março, Rafael traz uma primeira figura positiva: a avó. Forte e viva, espaço de paz e liberdade, uma democrata. Enquanto ele fala da avó, a analista "se vê" avançando lentamente na direção dele, com pequenos passos. Na semana seguinte, ele comenta um sonho de verdade: um sonho com sua avó. Ela se aproxima dele devagarzinho. Ele se emociona quando diz que ela morreu há seis anos. Há uma experiência emocional verdadeira, vivida em análise, resultado do trabalho analítico.

É a coreografia primitiva!

A avó-analista dá pequenos passos, com cuidado; Rafael é sensível a essa sintonia profunda e responde com outros passos. No meio de junho, ele volta a falar da avó. Traz uma lembrança de infância muito prazerosa. Lembra que falei que a energia psíquica necessária para a simbolização primária vem de Eros? É isso que está acontecendo na coreografia transferencial. A lembrança de infância apenas confirma isso. Ele se lembra que ia com ela de trem para a praia, que gostava de viajar na parte aberta do trem, a sensação do vento na cara, da liberdade. Diz que queria ser "motorista de trem". Surge uma primeira figura masculina admirada. Fala também de sua família, da mulher, dos filhos. A esposa está sendo ótima, cuida de tudo sem sobrecarregá-lo. No trabalho, começa a se sentir melhor, dando conta de algumas tarefas. Chega agosto, mês das longas férias de verão. Rafael se angustia e diz que na volta, em setembro, gostaria de ter duas sessões por semana.

Até aqui, Marie-France Dispaux diz que não fez nenhuma interpretação clássica. Não faria sentido tentar desvelar conteúdos latentes. Era preciso construir um continente psíquico, efetuar ligações primárias por meio de uma trama narrativa tecida com palavras do paciente e da analista. Essa narrativa permite conter a pulsionalidade bruta e violenta (típicos de um regime de funcionamento mental tanático), que aparecia tanto nas imagens do mundo de fogo e sangue quanto na maneira gelada com que ele destruía a fala da analista com seu terrível "e daí?". A reconstrução do continente psíquico lhe permite reencontrar um sentimento de continuidade de ser, sentir-se contido por um envelope psíquico. Só então ele consegue fazer seu primeiro sonho por conta própria, quer dizer, a partir de seus próprios recursos psíquicos. O sonho da arca de Noé ainda era um sonho a dois.

Em setembro, Rafael mostra prazer em retomar tanto o trabalho analítico quanto seu trabalho. Estrutura sua semana em torno das duas sessões, que funcionam como referências. Na contratransferência, a angústia diminui. A analista sente que Rafael vai ganhando espessura psíquica. Na sessão, o clima está diferente. A analista já pode até "errar": faz uma interpretação prematura, mas apesar da raiva dele, a situação é reversível.

Nesse período, ele começa a trazer conteúdos mais clássicos, representações de seus conflitos internos. Para usar a sua analogia, já há farinha disponível para um trabalho de simbolização secundária. Fala do conflito do pai, que era democrata, mas serviu à ditadura de seu país. Fala da sensação de estar entre um pai excessivamente crítico e uma mãe deprimida, que se apoiava sobre seus filhos "perfeitos" para se sentir mais viva. Fala também da angústia que sente em certos ambientes de sua casa, de onde pode ver o muro rachado do jardim; tem medo que a casa inteira desmorone.

A imagem do muro rachado, ao contrário do mundo de fogo e sangue, já é uma imagem onírica, símbolo primário. Só agora a interpretação clássica pode funcionar, fazendo a conexão entre o muro rachado, o medo do colapso e a catástrofe primitiva, abrindo caminho para a simbolização secundária. Agora ele tem palavras para falar do que lhe aconteceu. Afinal, ele desmorona quando vai trabalhar em outro país, quando ele perde suas raízes, repetindo a imigração forçada da infância e o desmoronamento do pai, que se vê obrigado a trair seus ideais para depois perder tudo e ficar na miséria. Com a ajuda da analista, ele pode usar a farinha para fazer seu pão.

Belíssimo trabalho! A ideia de que a simbolização primária transforma o alucinatório – que é uma das formas do retorno do traumático que foi clivado – em sonho fica muito clara com esse relato. Também fica claro que o trabalho analítico para passar de espiga para farinha é diferente daquele que promove a passagem de farinha para pão.

O texto de Marie-France Dispaux continua, mas esse trecho é suficiente para ilustrar nosso tema de hoje. Agora, vou te contar um pouco do segundo caso, que ilustra o retorno do traumático clivado por meio de uma atuação da paciente na situação transferencial (HABER; HABER, 2002). Esse tipo de atuação é perigoso, porque a atualização do trauma retraumatiza o paciente e pode levá-lo a interromper a análise. A atuação é sempre não subjetivada, isto é, não é o próprio sujeito, mas alguém-no-paciente quem está falando ou agindo. Isso acontece quando, além da clivagem, a criança usou outra defesa contra o traumático: ela se identificou com o agressor. Ao atuar essa identificação, temos a sensação de que é o próprio "agressor" quem fala por sua boca. Por isso, é a outra forma de retorno do traumático.

A análise de Francine ia indo bem, sem incidentes de percurso, até que ela começa a se queixar de que não tem com quem deixar os filhos, está com dores nas costas, está difícil de vir e passa a pedir com insistência para passar de quatro para três sessões por semana. A analista tenta interpretar isso e aquilo, mas, desta vez, as interpretações rodam em falso. A paciente, que costumava estar aberta a associar a partir do que lhe diz a analista, se aferra ao nível concreto do número de sessões. Por outro lado, ela não tem a sensação de que a paciente vai chegar e dizer que, em vista das dificuldades atuais, virá apenas três vezes. Portanto, a questão não é realmente o número de sessões. Ao contrário, lá pelas tantas, a analista percebe que a forma chata, insistente e tirânica com que ela se queixa sessão após sessão é o material clínico em si mesmo. É uma forma de agir sobre a analista e, por isso, deve ser entendido como material clínico ainda em estado bruto: espigas.

Não é de admirar que as interpretações rodem em falso: não dá para transformar espigas diretamente em pão!

Pois é! E ela não vai parar de se queixar enquanto não houver simbolização primária, porque esse material está, de alguma forma ainda desconhecida, ligado ao trauma narcísico.

Imagino o sofrimento da analista na contratransferência! Já me vi em situações parecidas.

Conhecemos bem esse tipo de situação! Mas note que, em algum momento, será preciso pensar que essa é a maneira que a paciente tem de contar para a analista o sofrimento que a criança-nela viveu no vínculo primário. Enquanto esse momento não chega, a contratransferência entra em cena de maneira muito aguda. A analista começa a se sentir atormentada pela paciente, que a acusa de ser fria, insensível, rígida e tirânica. Fica em dúvida: estará mesmo sendo rígida? Ou é melhor não mexer no enquadre enquanto não entender o que está em jogo na transferência? O fato é que há uma grande pressão sobre ela. A transferência psicótica está se atualizando não apenas sobre o enquadre, mas sobre a análise como um todo. Não é à toa que a analista sente que a continuidade da análise está ameaçada.

É a pressão da identificação projetiva?

Exatamente! Para não ser tão hostilizada, a analista se vê tentando ser gentil com a paciente. Essa contra-atuação, ou contra-identificação projetiva, mostra que, por enquanto, está totalmente identificada com aquilo que a paciente está projetando nela, e tentando se defender dessa violência como pode. Mas que violência é essa? De onde vem? Com "quem" – que aspecto do objeto interno da paciente – a analista está identificada? "Quem" está falando com a analista pela boca da paciente? A única coisa que dá para afirmar é que essa situação tem a ver com o clivado.

Por quê?

Porque, como disse antes, a comunicação por identificação projetiva, que é uma comunicação psicótica, indica que estamos lidando com espigas e não com farinha. A pressão que a paciente faz sobre a analista é, de algum modo, a mesma pressão que ela sofreu quando criança. Os traços de um modo de ser na relação com o outro, que estão clivados, estão sendo atualizados na transferência.

Quer dizer que quando algo está sendo atuado é porque algo da ordem do traumático não pôde ser transformado e integrado?

Sim, e vice-versa: o que não pôde ser transformado pela simbolização primária será atuado. Enquanto elas continuam enroscadas nisso, aconteceu de a analista precisar de uma tarde livre naquela semana para ir ao médico e decide desmarcar uma tarde em que Francine tinha uma de suas quatro sessões! Esse incidente – que os autores entenderam como uma interpretação selvagem – interrompe a rede de comunicação agida subterrânea, ativa o potencial de simbolização contido na atuação e possibilita a transformação do agir em palavras.

Primeiro, Francine reclamou muito de ter sido privada de uma de suas quatro sessões. Depois, o que acabou aparecendo foi que a paciente estava atuando um aspecto traumático da figura materna. Surgiram lembranças de uma mãe que passava o dia atormentando os filhos, queixando-se de que não aguenta mais, que as crianças são um fardo, que não tem tempo para nada, as costas doem, o marido não ajuda em nada etc. A analista descobre, então, que havia sido colocada, pela identificação projetiva, no lugar dessa criança traumatizada. Veja, a lembrança já indica a retomada da simbolização secundária.

Espero que tenha ficado claro que uma análise serve, essencialmente, para criar as condições de retomada do trabalho de simbolização bloqueado. Aos trancos e barrancos, a analista deu um jeito de recolocar o traumático em jogo. A atuação da analista abriu caminho para transformar a atuação da paciente em sentido.

Muito bons esses dois trabalhos! O primeiro mostra a simbolização primária do retorno alucinatório do traumático, e este, do retorno agido do traumático. Ambos também mostram como é preciso criar condições para que o trabalho de simbolização secundária seja possível e faça sentido para o paciente. Gostei muito de como os autores que você me apresentou pensam sua clínica.

Eu também gosto do pensamento clínico deles. Vamos falar sobre esse tema na nossa próxima conversa?

4. Pensamento clínico

Olá, caro colega, em que posso ajudá-lo hoje?

Estou atendendo uma paciente há vários anos, mas acho que pouca coisa mudou. Trata-se de uma mulher casada, que veio há uns três anos querendo se separar do marido, mas não consegue. Percebo que ela espera que eu lhe diga o que fazer, como se eu fosse uma espécie de consultor sentimental. Para evitar entrar nesse papel e tentar me manter psicanalista, tenho trabalhado na linha de descrever a experiência emocional da dupla no aqui e agora. Por exemplo, disse-lhe que espera que eu tome decisões por ela, talvez por medo de se responsabilizar por suas escolhas. Ou que imagina que eu saiba o que é melhor para ela. Ela concorda, mas volta a falar do marido. Acho que algo me escapa, pois a análise não avança.

Primeiro, você tem toda a razão em querer sair do plano do consultor sentimental para ocupar seu lugar de analista. Não me parece que algo esteja lhe escapando: falta-lhe um pensamento clínico – um pensamento que, sensibilizado pela teoria, brota inteiramente da interpretação dos dados da clínica e lhes confere alguma inteligibilidade.

Por exemplo: você chegou a entender porque essa paciente não consegue se separar do marido? Pergunto, pois há diversas razões para que alguém não consiga romper um vínculo. Por exemplo, ela pode ter o sentimento de que vai abandonar o marido, vivido como uma figura frágil e impotente. Ou, ao contrário, pode ter medo de não conseguir sobreviver sem ele. Como você sabe, para o psicanalista, o comportamento em si mesmo não quer dizer grande coisa e, sim, a dinâmica psíquica que o determina.

Confesso que não tenho uma noção muito clara do que está em jogo com essa paciente. Gostaria de explorar as várias possibilidades que você mencionou.

É uma boa ideia, até porque, sendo dinâmicas diferentes, abrem caminhos distintos em termos de pensamento clínico e de trabalho analítico. O fato é que, sem um pensamento clínico, fica difícil ter uma ideia do tipo de dificuldades que você está enfrentando e como fazer para tentar superá-las. E aí você corre realmente o risco de se ver funcionando como consultor...

Green (2002, p. 11) diz que o pensamento clínico é "uma forma original e específica de racionalidade que emerge da experiência prática". Essa noção desconstrói uma dicotomia muito frequente entre nós, que separa a clínica, de um lado, e a teoria, do outro – aliás, talvez isso também esteja atrapalhando você. O autor lembra que o pensamento clínico nasce quando Freud relata o caso Dora, mas também pode ser reconhecido nos outros historiais clínicos: o pequeno Hans, o Homem dos Ratos, o caso Schreber e o Homem dos Lobos. Tais relatos articulam

> *a história de vida do paciente, a história da doença, a história do tratamento, a compreensão das relações entre passado e presente, a aplicação dos conceitos psicanalíticos (sexualidade infantil, fantasia inconsciente, complexo de Édipo) vistos pelo ângulo da especificidade da transferência. Vemos um analista pensando, mas unicamente a serviço do paciente* (GREEN, 2002, p. 17).

Preciso reler os historiais clínicos de Freud. Você disse que o pensamento clínico brota da clínica. Poderia explicar melhor?

Quando digo que "brota da interpretação da clínica", está implícita uma escuta analítica baseada nos conceitos fundantes da psicanálise, inconsciente e transferência. Por isso, nossa primeira conversa foi sobre transferência, lembra-se? Naquela ocasião, comentei que transferência nada mais é que a manifestação do inconsciente e a defini da maneira mais simples que consegui. Se não me engano, disse que quando a criança-no-adulto toma as rédeas em uma relação qualquer, quando é ela quem está sentindo, pensando e agindo, aquela relação está marcada pela transferência. E quando a criança-no-adulto está "adormecida", quando é o adulto quem está sentindo, pensando e agindo, com as rédeas na mão, então é uma relação comum. A criança-no-adulto é uma espécie de cicatriz viva da personalidade, testemunho do trauma e das defesas que tivemos que usar ao longo de nosso desenvolvimento psíquico.

Mas o que isso tem a ver com o pensamento clínico?

Se sua paciente diz que não consegue se separar do marido, se passa sessões e mais sessões falando desse casamento, precisamos escutar imaginativamente que a criança-nela está enroscada com um aspecto de seu objeto primário, e que a relação com o marido é um "mero" suporte transferencial desse enrosco. Em outros termos, "casamento", aqui, pode ser escutado como cicatriz viva do vínculo traumático no "casamento" da criança com o objeto primário. Ela fala da relação com o marido porque é assim que a criança-nela consegue presentificar o "enrosco primário" que precisa ser simbolizado. Lembra-se de nossa conversa sobre trauma e simbolização?

Lembro, sim. Mas essa história de simbolizar o traumático não é nada fácil!

Tem razão! Por isso, precisamos entender minimamente de que enrosco se trata. O pensamento clínico tem como ponto de partida as manifestações transferenciais do traumático na relação atual com o marido.

Começo a entender porque ela fala tanto dele. Tentei muitas vezes fazer com que falasse dela, achando que a fala sobre o marido fosse defensiva.

Acontece que quando ela fala do marido, ela está, necessariamente, falando de si, ou melhor, da natureza do vínculo entre ambos. Pois, como estamos vendo, o vínculo atual representa o vínculo traumático entre a criança e seu objeto, internalizado ao longo da história de constituição do aparelho psíquico.

Podemos agora começar a construir um pensamento clínico para a primeira hipótese que levantei no começo desta conversa. Lembra-se? Imaginei que ela não consegue se separar do marido porque tem o sentimento – que não precisa ser consciente – de que vai abandonar uma figura frágil e impotente. É claro que essa hipótese só pode ser feita com base na interpretação do material clínico. Aqui, gostaria de dizer algo importante: se queremos que a teoria brote da clínica, precisamos escutar rigorosamente o que o paciente está dizendo, e não ficar fazendo conjecturas apressadas e, muito menos, forçar nossas teorias prediletas "de fora para dentro".

Vamos supor que sua paciente tenha descrito situações em que salta à vista a atrapalhação, a passividade ou a depressão do marido. Talvez tenha falado da falência de sua empresa ou de como a diabetes está limitando a vida dele. Lembra-se de que eu disse que precisamos escutar imaginativamente o enrosco da criança-nela com um aspecto de seu objeto primário, e que a relação com o marido pode ser escutada como um suporte transferencial desse enrosco? Então, pode ser que ela sinta que se separar dele equivale a um crime do tipo "abandono de incapaz".

Isso já nos ajudaria a entender que a criança-nela se mantém ligada ao objeto primário pela obrigação de mantê-lo vivo. Se é assim que a paciente percebe as coisas, é evidente que não pode se separar do marido/objeto primário. Do ponto de vista metapsicológico, o que estou chamando de enrosco é uma zona de não diferenciação entre o sujeito e seu objeto interno. Já é um primeiro passo na construção de um pensamento clínico. Como pretendo mostrar a você, o pensamento clínico deve ser capaz de articular os processos intrapsíquicos aos intersubjetivos.

Você está falando da transferência?

Pode-se dizer que sim. No famoso capítulo VII da obra *Interpretação dos sonhos*, de 1900, Freud (1975l) concebe um modelo de aparelho psíquico e descreve seu funcionamento. Nessa ocasião, usa o termo transferência para falar do deslocamento da energia psíquica de uma representação inconsciente inadmissível, ligada à sexualidade infantil, a outra "inofensiva". É uma *transferência intrapsíquica*. Já no caso Dora, quando dá uma segunda definição de transferência (FREUD, 1975k), ele reconhece que, sem perceber, entrou como ator coadjuvante na repetição das questões intrapsíquicas e inconscientes de sua paciente. Ligadas às vicissitudes da sexualidade infantil, essas questões compareciam nos sonhos e em todas as histórias que Dora contava sobre sua relação (transferencial) com o sr. e a sra. K. Mas, ao mesmo tempo, elas estavam sendo sutilmente agidas na transferência com Freud. Percebe como as duas se articulam? Enquanto ele pensava estar apenas analisando o intrapsíquico – e essa era, certamente, uma parte importante do trabalho –, tudo o que ele dizia não estava sendo escutado de maneira neutra por Dora e, sim, como uma tentativa de sedução. Freud fora transformado, transferencialmente, no próprio adulto sedutor.

Quer dizer que a transferência de Dora com Freud, que é intersubjetiva, não faz sentido algum se a amputarmos de sua história e de todas as marcas intrapsíquicas que esta deixou?

Isso mesmo. Acontece que, em 1905, Freud estava mais ligado na transferência intrapsíquica, e só descobriu a intersubjetiva porque foi atingido repentinamente pela atuação de Dora, que interrompeu o tratamento. Hoje, tenho a impressão de que estamos na situação inversa: estamos muito mais ligados à escuta e à interpretação da transferência intersubjetiva do que à intrapsíquica, como se esta tivesse sido superada e substituída por aquela que realmente importa, a única que seria realmente "mutativa", para usar o conhecido termo de Strachey (1934): a *transferência intersubjetiva*. Green (2006) faz uma leitura histórica bem interessante de como chegamos a essa situação. Ao longo de boa parte de sua obra, Freud estava ocupado em criar e desenvolver a metapsicologia. Em um primeiro momento, o pensamento clínico descrevia o funcionamento do aparelho psíquico a partir de suas fontes endógenas (pulsão). Sem negar a transferência intersubjetiva, ele descreveu os processos ligados à exigência de trabalho imposto ao aparelho psíquico pelo corpo e pela sexualidade infantil – em suma, pela pulsão.

Em um movimento reativo, que Green (2006) chama de "guerra ao solipsismo", as gerações seguintes – Ferenczi, Fairbairn, Klein, Bion, Winnicott, Kohut, Lacan, Laplanche e outros – reconheceram a importância do objeto na constituição do aparelho psíquico. A teoria das relações de objeto se desenvolveu, então, com grande vigor. Naquele momento da história da psicanálise, o pêndulo se deslocou para o extremo oposto: a interpretação da transferência intersubjetiva passou a predominar no pensamento clínico, como se fosse sinônimo de transferência. A atenção quase que exclusiva dada à relação de objeto acabou obscurecendo a dinâmica intrapsíquica, o inconsciente e seus efeitos na vida do analisando. Por exemplo, o fato – enigmático para ela mesma – de sua paciente não conseguir se separar do marido.

Tendo lido criticamente autores da segunda e terceira gerações, Green defende a pertinência de um pensamento clínico complexo, capaz de levar em consideração o par pulsão-objeto, articulando, portanto, as duas transferências: intrapsíquica e intersubjetiva. Esta seria uma das marcas da psicanálise contemporânea, segundo ele. Sua posição decorre diretamente de sua ideia de um aparelho psíquico constituído por um duplo limite (GREEN, 2002, 2008).

Como assim?

Green fala de um limite vertical entre dentro e fora; e no seio do dentro, o limite horizontal entre o consciente (no andar de cima) e o inconsciente (no andar de baixo). Desde então, dois campos – de trabalho analítico – se configuram. O do intrapsíquico, dentro, resultante das relações entre as partes que o compõem, e o do intersubjetivo, entre dentro e fora, cujo desenvolvimento compreende a relação com o outro.

A articulação entre o intrapsíquico e o intersubjetivo passa, então, pelo reconhecimento de que a pulsão não pode ser pensada sem o objeto que ela investe e de que o objeto investido está simultaneamente dentro e fora. O marido, de quem sua paciente não consegue se separar, está investido ao mesmo tempo como objeto externo e interno. O analista também é um objeto externo e um representante do objeto interno resultante das identificações com as figuras parentais. Como você vê, a coisa é complexa.

Gostaria de voltar à minha paciente e ao pensamento clínico baseado na sua primeira hipótese. Não sei se visualizo na prática como ele poderia articular o intrapsíquico e o intersubjetivo.

Se a paciente se sente presa à missão de manter o marido vivo, de onde será que ela tirou essa ideia? A formulação dela sugere que estamos muito além da simples solidariedade, e confirma que a criança-nela estabelece algum tipo de transferência com o marido enquanto representante de seu objeto primário. Se, em vez de pensarmos na sua paciente apenas como uma adulta casada com um marido deprimido, pudermos sintonizar também com a criança-nela presa à tarefa de manter seu objeto vivo, já começamos a vislumbrar a natureza do enrosco, a descolar do conteúdo manifesto e a sair do papel de consultor sentimental.

As histórias que, sessão após sessão, vão desenhando o vínculo tenaz, conflitivo, asfixiante, pesado e provavelmente amoroso com o marido deprimido são relatadas ao analista. Não podemos nos esquecer de que, para a escuta analítica, *o relato das cenas cotidianas*, tanto quanto o relato de um sonho, são linguagem e têm o estatuto de representação. O relato não é uma descrição objetiva da realidade e, sim, uma criação psíquica em cima de algo que de fato existe.

"O relato em sessão é uma criação psíquica em cima de algo que de fato existe." Gostei da frase. Quando a paciente me descreve seu

marido deprimido, tendo a acreditar nela e, muitas vezes, levo um puxão de orelha por estar dando atenção à realidade, a algo que se passa fora da sessão. Mas não consigo concordar plenamente com a ideia de que ela apenas "vê" o marido como um deprimido – como se fosse uma fantasia ou uma distorção dela. Esse paradoxo me ajuda a sair da dicotomia realidade/fantasia.

É isso mesmo. O relato do paciente é um criado-achado, para usar um termo de Winnicott. Não temos razão para duvidar do que os pacientes nos contam, até porque nosso recorte não é a realidade material dos fatos e, sim, o relato que ele faz desses fatos. Sua paciente fala sobre seu cotidiano, mas é como se ela estivesse lhe dizendo: "Tive um pesadelo. Eu tinha me separado do meu marido. Entro em casa e vejo que ele tinha encolhido e se transformado em uma espécie de anão. Isso me deixava desesperada". Escutando assim, saímos do plano da realidade externa e passamos para o plano da realidade psíquica, na qual o material inconsciente é transferido/deslocado para representações que se prestam a isso. Já estamos pensando analiticamente.

Naquela nossa primeira conversa sobre transferência, você disse que Green chama isso de transferência sobre a fala ou sobre a linguagem. A outra era sobre o objeto.

Boa memória. É claro que essa divisão tem algo de artificial, mas ajuda a entender. Como vimos, o material psíquico inconsciente, em si mesmo inacessível, é transferido para representações pré-conscientes, os restos diurnos – no caso, a representação "marido deprimido". Até aqui, a função do analista é escutar analiticamente a fala do analisando, reconhecendo a transferência entre representações ou intrapsíquica. Nesse sentido, não é "alvo" dela, mas é o destinatário dessa fala. Por isso, temos de considerar, ao mesmo tempo, a *transferência intersubjetiva* ou transferência com o objeto. Quanto a esta, acho útil diferenciarmos uma transferência "básica" de outra mais específica. A básica é típica de muitas relações marcadas pela assimetria entre as posições subjetivas: o analista – mas também o médico, o professor – é um objeto investido de algum saber e do poder de entender, de cuidar ou de ajudar. Sem a transferência básica, o paciente nem chega a procurar análise. A transferência que nos interessa é a *específica*, ligada à repetição do não simbolizado da história da criança com seu objeto primário. É nesse nível que se situa o enrosco que mencionei há pouco.

Como assim?

Como a figura parental é dotada de um inconsciente, a psique em formação será sempre colonizada, de alguma forma, por sua dinâmica inconsciente. Essa colonização origina uma zona de *não diferenciação sujeito-objeto*, que está na origem da transferência específica. É ela que revela o tipo de enrosco que precisará ser resolvido na análise (que sua paciente chama de "não conseguir se separar do marido"). Assim, a transferência *será agida e afetará o analista* – veja onde entra a contratransferência! –, sendo uma chance preciosa para que ela seja progressivamente simbolizada.

Em outros termos, o enrosco entre a criança e seu objeto primário, a zona de confusão sujeito-objeto ligada à colonização da psique em formação pelo inconsciente parental, determina a impossibilidade de se separar do marido e também a transferência específica – ou simplesmente a transferência – sobre o analista. Ela é sutil e costuma se revelar depois de muito tempo, *a posteriori,* de forma surpreendente, sem que a gente precise "correr atrás dela". Além disso, "tem que ser adivinhada" por indícios mínimos (FREUD, 1975g) e com a ajuda da contratransferência.

Vamos imaginar duas situações contratransferenciais igualmente plausíveis para reconhecer a transferência intersubjetiva. 1) Em certo momento, o analista pode se perceber cansado do drama da paciente, irritado por ouvir sempre a mesma coisa, lutando para se manter acordado e atento, eventualmente, desejando que esse "caso difícil" vá embora e, logo depois, culpando-se por estar desistindo dela, cuja vida não ata nem desata. 2) Ou então o analista não entende porque a paciente, que visivelmente gosta muito da análise, anda faltando. Aí ele descobre, meio por acaso, que ela não veio porque "não tinha nada de interessante para contar". A transferência intersubjetiva está sendo agida, revelando o quanto a paciente acredita piamente que sua função é manter o analista "animado e interessado" e como essa tarefa é penosa e angustiante para ela, a ponto de preferir faltar a se sentir em falta com sua missão.

E o pensamento clínico?

O pensamento clínico tentará articular vários elementos, que juntos formam uma figura relativamente coerente, embora sempre parcial e provisória. 1) O "sintoma" ou o enrosco que atravanca a vida da paciente, e que a trouxe à análise: não consegue se separar do marido – com mais rigor, trata-se de toda a dinâmica inconsciente que determina essa impossibilidade. 2) A transferência intrapsíquica entre representações: a figura do marido deprimido funciona para nós como uma representação, uma espécie de imagem onírica, que revela como ela se sente responsável por um objeto interno/externo frágil e dependente dela. 3) A transferência intersubjetiva sobre o objeto. Por ser também um sujeito que sente, pensa e sonha, o analista pode contar com sua contratransferência para reconhecer a transferência específica, aquela que tem a ver com a história não simbolizada do trauma primário. Pode ser que o analista esteja no lugar da criança-nela, que não suporta mais o peso de uma mãe deprimida, ou pode ser que ele se dê conta, de repente, de que a paciente não aguenta o peso de ter de manter o analista, confundido com a figura materna, vivo.

Não sei se você pensa como eu, mas os pacientes nos procuram em busca de alívio para o sofrimento psíquico. Eles intuem que estão encarcerados na repetição por conta de enroscos desse tipo. Vêm com a esperança de que a análise os liberte, para que possam desfrutar de uma vida mais plena e criativa. Nossa responsabilidade é enorme. Daí a importância do pensamento clínico: com base na escuta analítica, tentamos construir ou reconstruir um pedacinho da história emocional de uma criança, que ficou capturada na dinâmica ligada ao inconsciente parental.

Você quer dizer que a relação com o analista não é um fim em si mesmo, mas um meio para construir um sentido que seria libertador em relação a essa captura?

O analista não está lá para ser uma mãe ou um pai melhor do que os que o paciente teve, mas, sim, para ajudá-lo a construir um sentido possível para as experiências vividas, mas não simbolizadas, com as figuras parentais. No nosso exemplo, o intrapsíquico teria a ver com a colonização do psiquismo por elementos inconscientes ligados à depressão materna.

O analista escuta o que diz o paciente e, ao mesmo tempo, registra corporalmente, na contratransferência, os elementos não verbais que o afetam e que correspondem à dimensão "agida" na transferência. Segundo Roussillon (2012b), o inconsciente é o negativo da própria história em ato. O *negativo da própria história* é aquilo que foi subtraído à subjetividade, isto é, que foi negativado por meio do recalque ou da clivagem. Esses elementos não são rememorados (representados), mas repetidos (presentados, presentificados); por isso, pertencem ao registro do *ato*. É o que chamamos de transferência, lembra?

O analisando vem para que o analista possa escutar, sentir, perceber aquilo que ele não conseguiu escutar, sentir e perceber de si mesmo e de sua história, de sua relação com as figuras parentais. "O analista deve aceitar ser o que propus chamar 'o espelho do negativo' do sujeito, aceitar ser o portador do que o sujeito, de uma maneira ou de outra, repudia de si. É uma posição paradoxal que o conduz a ter de aceitar se identificar aos estados internos do sujeito que este rejeita" (ROUSSILLON, 2012b, p. 31, tradução livre).

A criança, colonizada pela "sombra do objeto", internaliza essa relação e fica presa à tarefa de manter vivo o objeto interno/externo. Ao mesmo tempo, odeia essa figura interna/externa (o marido) da qual depende e que não está psiquicamente disponível. Mas também ama e deseja ficar ali para salvá-la a qualquer preço. Percebe qual é a dinâmica que faz com que ela não consiga se separar do marido? Isso é um pedacinho de pensamento clínico.

Você diria isso à paciente?

Não necessariamente. Claro que depende do que me ocorre na hora, mas também do que me pareça mais produtivo no momento. O importante é que, tendo um pensamento clínico, muitos caminhos se abrem.

Posso falar do marido, que talvez gostaria, mas não consegue, ser um companheiro mais presente; ou do marido que, em sua depressão, nem percebe o quanto ela fica sozinha no casamento. Eu teria em mente que minha fala diz respeito simultaneamente ao objeto externo e interno. Essa intervenção tenta *tornar pensável* o fato de que o objeto primário, agora representado pelo marido, tem suas limitações, como todo mundo. É comum que a criança atribua a si própria a causa da depressão materna. Perceber essa construção, bem como a tentativa impossível de reparação, pode ser libertador.

Posso sintonizar com o desespero da criança-nela, presa à tarefa de manter o outro vivo. Se eu consigo essa sintonia, torno-me, na transferência, um objeto vivo, *indo ao encontro da pré-concepção* de um objeto que a ajude, aqui e agora, a dar sentido à experiência mal-assombrada que a habita. Naturalmente, estou considerando que o traumático é o não sentido vivido na solidão, e que a simbolização passa pelo sentido construído junto a um objeto.

Posso falar a partir da contratransferência (minha culpa de tirar férias e "abandonar" a paciente) *algo que sirva para dar voz à criança-nela que nunca ouviu, nem pode dizer a si mesma:* a gente tem direito de ter vida própria, e que isto não é o mesmo que condenar o outro à morte. Ou, também, a partir da contratransferência, posso *compartilhar* com ela o sentimento de como a gente se sente mal por não aguentar o peso do outro, mas que a gente também tem limites.

Posso falar de um filme que me ocorre espontaneamente, e que tem a ver com a história dela, tal como reconstruída pelo pensamento clínico. Posso comentar o filme com ela, *sabendo que estou usando material transicional para simbolizar, aqui e agora, algum aspecto do trauma precoce.*

Em todas essas formas de intervir, eu já me descolei do plano concreto da relação conjugal e, por isso, posso me referir a ela quando achar conveniente. No começo da nossa conversa, você disse que não fazia ideia de quem você era na transferência. Como você vê, posso não saber quem sou, ou melhor, qual posição ocupo, mas certamente sou parte constituinte do campo transferencial e, por isso, não preciso me incluir explicitamente na formulação da interpretação.

O material clínico que circula nos espaços oficiais da instituição traz, muitas vezes, interpretações cujo modelo é "você aqui comigo". É um modelo forte.

Assim funcionam as instituições: ideias complexas tendem a ser simplificadas para serem usadas na sustentação da identidade individual e grupal (KAËS, 1991). É como se a simples presença de pelo menos uma interpretação desse tipo garantisse a condição de psicanalista e o valioso pertencimento ao grupo. É uma necessidade humana perfeitamente compreensível. Mas nem por isso precisamos abandonar uma postura crítica, não é mesmo? Cada um precisa descobrir por si mesmo o que faz sentido na sua clínica e o que não faz.

É, por isso, que gosto destas conversas. Mas, por enquanto, prefiro voltar ao nosso tema. Você tinha imaginado uma segunda hipótese para o fato de minha paciente não conseguir se separar do marido: ela depende dele e tem medo do seu ódio vingativo. Que tipo de pensamento clínico você poderia construir a partir disso?

Vou contar um caso que atendi há muitos anos e que cabe perfeitamente na segunda hipótese. Foi um lindo processo de análise; não tenho anotações, mas ainda me lembro da luta daquela mulher inteligente e sensível para, nas palavras dela, "virar gente". Formou-se em Literatura, mas trabalhou na empresa do pai até ter seus filhos. Quando os dois já estavam criados, chegou-me com a demanda explícita de se tornar analista, mas sequer percebia que estava gravemente deprimida, tal a cisão defensiva que lhe permitia viver.

A descrição de um cotidiano de *socialite*, que ela considerava agradável, mas vazio, nos permitiu reconhecer a falta de um projeto pessoal consistente. Além disso, não tinha voz ativa em um casamento de fachada com um homem que descrevia como arrogante e violento. Para dar uma ideia de sua passividade e submissão ao marido (ela mesma que fez essa leitura), aos 50 anos nunca tivera uma conta no banco em seu nome. No talão de cheques não constava o seu nome: era fulano e/ou. Em compensação, e para minha surpresa, era uma leitora voraz. Seu maior prazer era ficar sozinha na casa de praia com uma pilha de livros, onde não precisaria servir ao marido e aos filhos e poderia ler à vontade.

Na primeira entrevista, a paciente disse duas coisas que, interpretadas, antecipavam o trabalho que teríamos pela frente. Primeiro, que seu cabelo era tingido. Segundo, que seu sonho era viajar sozinha para outro país, coisa que nunca havia ousado fazer. Defendida atrás de uma elegância adequada, leve e alegre (o cabelo tingido), a boa menina, que nunca deu trabalho, havia perdido de vista o que era autêntico e próprio. E precisava "virar gente", aceder à condição de sujeito, conquistando alguma autonomia e satisfação ("viajar sozinha"). Perguntava-se, com toda razão: "o que vou fazer nos próximos 30 anos?".

Dizia que, em casa, marido e filhos a consideravam burra. De fato, um vocabulário um tanto precário para seu nível sociocultural chamava minha atenção. Em sua família de origem, os pais apostaram tudo no filho homem. De certa forma, ela se via, e se apresentava, como uma "sonsa". Mas tal sonsice não me convencia, pois quando falava sobre seu cotidiano, é como se escrevesse "crônicas verbais" bastante perspicazes. Sessões e mais sessões se passavam dessa maneira. Os assuntos eram variados: filhos, amigas, marido, lugares, livros. O que se repetia era a forma esteticamente agradável.

Seria uma tentativa de sedução?

Talvez, mas, curiosamente, ela não se dava conta de como suas observações eram interessantes e vivas e como me despertavam curiosidade e prazer em ouvi-la. Mesmo que fosse algum tipo de sedução, não basta para construir um pensamento clínico. Que função tinham aqueles relatos? O que tentava me comunicar? Eu poderia pensar neles como defensivos da sua depressão, e eram mesmo. Mas o que eu ganharia em denunciar a defesa? O que ganhamos em mostrar ao paciente que ele não consegue pensar, integrar, sentir raiva, depender, tolerar frustrações, entre outras coisas?

Na minha experiência como paciente e como analista, essas intervenções soam como críticas.

Com razão! O paciente está deitado no seu divã justamente porque não consegue tais coisas, o que lhe produz sofrimento psíquico. Até aí morreu Neves. Nada de novidade. O pensamento clínico começa quando o analista se pergunta por qual razão esse paciente não consegue pensar, integrar, sentir raiva, depender e tolerar frustrações. O que, na história de sua relação com o objeto primário, teria impedido tudo isso?

É, por isso, que, no caso que estou comentando com você, eu preferia pensar que ela estava tentando, inconscientemente, "me contar", ou melhor, "me mostrar", do jeito possível, a história de sua depressão. Não por meio de palavras, mas por atos: ela repetia o gesto ou a mensagem que teria ficado sem resposta, caído no vazio, no vínculo primário. Roussillon (2011) diz que o ato, o comportamento, a fala agida, enfim, a interação com o analista são "proposições em *hold*", no aguardo de uma resposta que mostre ao sujeito que foram decodificadas. As defesas entram em cena quando a comunicação primitiva fracassou e a criança "perdeu" o vínculo com seu objeto. Por isso, acho pouco útil ficar apontando defesas e prefiro trabalhar com aquilo que as tornou necessárias.

Em certo momento, vem-me a imagem da criança que faz um desenho e o mostra à mãe, buscando saber de si a partir dela. Pensei também na relação com o pai, com quem tinha grandes afinidades em torno da leitura. De qualquer forma, a parte mais "pesada" da análise, ligada ao trauma primário e ao sofrimento narcísico que emperrava sua vida, aparecia por meio da relação entre um sobrinho e o pai dele. Esse homem tinha medo de que o filho se tornasse um fracassado e, por isso, exigia impiedosamente resultados escolares. Naturalmente, esse clima de terror prejudicava o desempenho do garoto, o que redobrava os ataques e as humilhações. Esse material clínico me ajudou a reconhecer a criança-nela massacrada pela parte louca do objeto primário, representado pelo marido.

Seja como for, um primeiro fragmento de pensamento clínico tem como base minha impressão de que ninguém, nem ela mesma, tinha visto a beleza de seu "cabelo autêntico", recoberto desde sempre com alguma tintura. São elementos "colhidos" no campo transferencial/contratransferencial. Como você vê, o material clínico bruto já está trabalhado e pensado a partir de teorias que estão implícitas no relato.

Por favor, poderia explicitá-las?

Sim, mas primeiro, uma observação: as teorias são *redescobertas* a partir da clínica. Digo redescobertas porque eu as conheço, estão latentes em mim e são "ativadas" no meu contato transferencial com *essa paciente* – e não com todos, indiscriminadamente. Por isso, emergem como novidade para mim. Se eu não as conhecesse, não poderia redescobri-las e, assim, é importante ter um repertório teórico diversificado. Muitas vezes me vi diante de um paciente que me levou – ou deveria ter me levado – a estudar novos autores. A responsabilidade e a ética profissional nos obrigam a correr atrás. Imagine um médico que tratasse sua asma como pneumonia porque só estudou a última? Por outro lado, você percebe como redescobrir a teoria é diferente de aplicá-la à clínica?

Você me pede para explicitar as teorias que usei. Poxa, como é difícil! Fica meio bobo, até porque há muitos "níveis" de teoria, desde o mais básico, como inconsciente e transferência, até as mais específicas para o caso. Além disso, elas estão tão metabolizadas que já se tornaram parte de mim, são minha própria "carne". Mas vamos lá. Quais são as teorias mais específicas que usei? Há ideias de Winnicott sobre a hiperadaptação defensiva, falso *self* e sobre a função espelho do rosto da mãe na constituição do sujeito. Há a teoria kleiniana da cisão defensiva como solução para o conflito, com perda de funções egoicas. Também poderíamos pensar no recalque da agressividade necessária a uma afirmação pessoal, necessário frente a uma figura parental que não tolera diferenças. Certa infantilização perante a vida e a falta de autonomia também sugerem uma zona de indiferenciação sujeito-objeto, efeito do trauma precoce na relação com o objeto primário, levando à constituição de identificações incorporativas na linha da "sonsa". A teoria do trauma é fundamental em meu pensamento clínico. Aqui, tenho a impressão de ter lido sobre isso em diversos autores, cada qual explorando um recorte do tema. Uso também a noção de pulsão mensageira, de Roussillon (as proposições da criança que ficaram sem resposta), para entender o fracasso na constituição de um bom narcisismo de base.

Além das teorias, há também certa postura diante do material clínico: reconheço o que foi negativado pelos mecanismos de defesa, bem como dimensões do trabalho psíquico que o analisando não consegue realizar (a dimensão "negativa" do material), mas não fico apontando isso. Acho que soa crítico e não abre espaço para novas associações. Prefiro trabalhar com a dimensão "positiva" do material clínico: parto do princípio de que tudo, mesmo a fala mais evacuatória, continha originalmente uma mensagem que "degenerou" por falta de resposta adequada. É no encontro, e em função da resposta do analista às proposições do paciente, que a mensagem agida se constitui como mensagem simbolizante e que o processo de simbolização pode ser "regenerado".

Interessante essa sua postura: mesmo a fala mais evacuatória poderia vir a significar alguma coisa. Poderia agora retomar o pensamento clínico? Qual seria a história emocional dessa submissão empobrecedora?

Pude reconhecer, a partir da interpretação do material clínico espalhado por muitas e muitas sessões, como a criança-nela aceitou, ou melhor, precisou se transformar em uma "sonsa" para não ameaçar o narcisismo frágil da figura materna (representada pelo marido). E, por ter se tornado "sonsa", passou a depender inteiramente de uma figura forte, protetora e... intocável. Assim descrevia a mãe: uma matriarca intocável e com um grande prestígio social. No começo do nosso trabalho, ela tinha medo de se ouvir criticando o marido. Era como se estivesse descumprindo sua parte do contrato, já que uma sonsa, por definição, não tem senso crítico.

Pudemos reconhecer como estava presa na repetição desse "contrato", que regeu o casamento por 25 anos. Só agora percebia o preço que pagava pela sujeição ao outro, vivido como todo-poderoso e vingativo. Não me recordo de suas palavras exatas, mas lembro que eram fortes, algo como: "estou morta, só esqueci de deitar e fechar o caixão". Começava a fazer contato com afetos de tonalidade depressiva, até então evitados.

Apesar disso, não conseguia dar o primeiro passo para tomar em suas mãos as rédeas de sua vida. Certo dia, quando me contava de um livro que estava lendo, perguntei-lhe o que achava de participar de uma oficina de escrita. Eu conhecia um colega que usava a escrita como mediação terapêutica. A proposta, com valor interpretativo, decorre de todo o pensamento clínico anteriormente elaborado. Eu me lembrava também o quanto minha experiência de tratamento institucional de adolescentes me ensinara sobre o valor das oficinas terapêuticas. Não apenas o material da oficina funciona como meio expressivo das questões inconscientes, e uma oportunidade de elaboração, como a relação com o produto dá ao sujeito uma dimensão de quem ele é.

No começo, ela hesitou, não se sentia capaz. Lembrava-se que suas redações escolares eram econômicas, expunha-se o mínimo possível. Depois foi. A experiência foi fundamental. Mostrou-me alguns de seus textos escritos a lápis em caligrafia miúda e apertada. A escrita – quase invisível, tão pouca a pressão que punha no lápis – combinava com aquela mulher que tinha medo de afirmar qualquer coisa que lhe fosse própria. Um dia mostrou-os também à família, que não tinha ideia de quem era aquela pessoa que cuidava de tudo em casa e com quem conviviam diariamente. Como antes, não me recordo exatamente das palavras, mas disse um dia, emocionada, que "essa era a primeira coisa que achava que sabia fazer direito".

Nesse meio tempo, sua posição em relação ao marido começa a mudar. Um fragmento ilustra a mudança. "Quando namorávamos, ele dirigia feito um louco e eu achava lindo. Não tinha medo porque ele me parecia forte e seguro de si. Hoje, quando ele dirige assim, vejo um cara sem noção que desrespeita os outros motoristas e nos coloca em risco por uma questão de vaidade pessoal. Se eu peço para ele dirigir mais devagar, acha que quero mandar nele e fica com ódio de mim. Não há comunicação possível." Agora estava ciente de que precisava se posicionar em relação a seu casamento.

Tornar-se sujeito também tem o seu preço. E a vida de socialite?

Ela continuava tomando seus cafés no shopping com as amigas, cuja escolha, contudo, se tornou mais criteriosa. Ao mesmo tempo, começou um trabalho com remuneração simbólica ligado à psicologia. O prazer que sentiu em montar sua própria sala, mobiliada a seu gosto, nos dava notícias da construção de um lugar próprio na vida. O processo de tornar-se sujeito mostrava seus frutos. No fim da análise, estava se engajando em um trabalho ligado à literatura. Estava feliz, fazia o que gostava, desabrochava.

Nessa altura, o marido, representando o objeto primário, já não era apenas um "sem noção, que dirige feito um louco por pura vaidade". Ele foi ressignificado como frágil, inseguro, que agia com arrogância porque sequer conseguia perceber o quanto dependia dela. Surge um material inédito sobre as dificuldades profissionais e emocionais desse homem que, até agora, aparecia apenas como um tirano. Surge uma figura que se defende do sentimento de impotência e de humilhação narcísica, tiranizando e submetendo o outro. Finalizamos o nosso trabalho de uma maneira surpreendente para mim. "Agora que já me sinto gente, tenho condições de decidir sozinha se fico casada ou me separo. É uma decisão que quero tomar com calma."

Você não se sentiu excluída?

Achei que ela tinha razão. Precisava de uma analista para "virar gente", e não de uma consultora sentimental para resolver seu casamento!

Então, caro colega, percebeu como, graças ao pensamento clínico, clínica e teoria não se opõem? No início da conversa eu disse, citando Green (2002, p. 11), que o pensamento clínico é "uma forma original e específica de racionalidade que emerge da experiência prática". De fato, quando construímos um pensamento a partir da clínica, procuramos criar/encontrar uma articulação e uma coerência entre: a) a forma de ser e de sofrer que está emperrando a vida do paciente e que o traz à análise; b) o intrapsíquico – e aqui entram todos os elementos da metapsicologia: quais são as identificações que, historicamente, constituíram aquele sujeito, que tipo de trauma deixou suas marcas, quais são as características do desejo, como se deu a constituição do eu, das fronteiras e funções egoicas, como aquele psiquismo faz a gestão das angústias, quais as características da triangulação edipiana, seus núcleos psicóticos etc.; e c) o intersubjetivo: como esse intrapsíquico se manifesta na intersubjetividade, convocando e sendo convocado para certo tipo de interação, criando as condições que estão emperrando a vida do paciente e que se manifestam como "sintoma". Agradeço pela sua vinheta clínica, que nos deu tanto pano para manga.

5. Sofrimento neurótico

Olá, caro colega, sobre o que você gostaria de conversar hoje?

Faz tempo que venho escutando você falar em psicopatologia psicanalítica. Confesso que essa noção me deixa confuso. Há analistas que recusam o termo, alegando que é uma maneira de rotular o paciente ou que é uma herança da psiquiatria que não tem nada a ver com o que a gente faz. Os autores de referência na minha formação foram Klein, Bion e Winnicott, para quem não faz muito sentido falar em termos de neurose, psicose ou perversão – só para mencionar a psicopatologia usada por Freud. Para mim, cada paciente é único, assim como a relação que ele estabelece com o mundo também é.

Eu também já escutei este tipo de argumento. De fato, cada paciente é único, mas há certas configurações que são típicas e podem ser estudadas em sua dimensão universal. Isso ajuda o analista a escutar o paciente único que está no seu divã.

Então, para começar, você poderia me explicar para que serve a psicopatologia?

Ela serve para articular a clínica à metapsicologia, quer dizer, o singular da sua clínica ao universal que você estuda nos livros. Serve para dar sentido a sintomas que, de outra forma, parecem absurdos. Por exemplo, o sintoma histérico é absurdo, a menos que se possa compreendê-lo em termos metapsicológicos, ou seja, em suas determinações inconscientes. Aí ele ganha um sentido, uma inteligibilidade, o que abre possibilidades terapêuticas. Pois, para nós, diferentemente da psiquiatria, mesmo as formas de vida mais complicadas, que certamente produzem enorme sofrimento psíquico, precisam ser vistas como a melhor solução que o sujeito encontrou, com os recursos de que dispunha ao longo do seu desenvolvimento, para lidar com seu sofrimento psíquico. Em outros termos, a psicopatologia estuda as determinações inconscientes de certo modo fixo e sintomático de interpretar a realidade, bem como as formas de se organizar/desorganizar frente a essa interpretação.

De fato, lembrei agora de dois pacientes deprimidos cujos comportamentos me parecem absurdos. O primeiro está apaixonado por uma mulher que ele acha muito bacana, mas nem chega perto, dizendo que é "muita areia para o caminhãozinho dele", que não é para o "bico" dele. Ora, objetivamente, ele teria tudo para, pelo menos, tentar conquistá-la. E intelectualmente ele sabe disso! O segundo fica apavorado quando uma mulher deixa claro que o deseja sexualmente. Dá um jeito de fugir, para depois se maldizer pela oportunidade perdida. Vai se sentindo um fracassado na vida. E, nos dois casos, são padrões que se repetem. Não são propriamente sintomas...

É o modo de vida que é sintomático! A depressão, sintoma que levou os dois a procurar análise, é apenas a consequência dele.

Seus exemplos são ótimos, pois nos dois casos tudo indica que você está diante de inibições tipicamente neuróticas! Se for isso, ambos apresentam estruturas psíquicas relativamente estáveis, estruturadas em torno das defesas mobilizadas por conflitos e angústias ligadas à sexualidade infantil. A psicopatologia organiza um saber sobre a neurose – e sobre outras formas típicas de ser e de sofrer –, que pode e deve ser transmitido a jovens analistas, de modo a ajudá-los a reconhecer quais são os conflitos e as angústias que as determinam.

Inicialmente, predominava a ideia de grandes estruturas psíquicas relativamente estáveis, como a neurose e a psicose. Era uma visão macroscópica da psicopatologia. Ao introduzir a noção de posições, Klein desconstrói a ideia de estrutura estável e privilegia modos de funcionamento psíquico, que oscilam e se alternam em função das angústias que emergem nas relações de objeto. É uma visão microscópica da psicopatologia.

Entendi. São recortes diferentes. Nesse caso, talvez não seja necessário optar por um em detrimento do outro. A noção de posições é muito útil na minha clínica, mas nesses dois casos que relatei sinto falta de mais conhecimento sobre a neurose.

É o que eu penso! Green já pertencia à terceira geração de psicanalistas, tinha uma visão histórica do movimento e das teorias (GREEN, 2008), e conhecia os dois recortes. Por isso, tinha condições de articular as dimensões micro e macro da psicopatologia, reservando a cada uma sua importância e seu lugar. Ele mantém a ideia de funcionamento psíquico microscópico, mas resgata a noção de estrutura macroscópica, relativizando-a.

Por exemplo, quando fala dos estados-limite ou *borderline*, que se incluem no campo das estruturas não neuróticas, descreve elementos que se repetem com regularidade na clínica desses pacientes. Ele atribui esses elementos a uma falha no que ele chama "duplo limite": o limite horizontal, intrapsíquico, que separa consciente e inconsciente; e o limite vertical, intersubjetivo, que separa sujeito e objeto (GREEN, 2008).

Com isso, ele consegue articular a psicanálise anglófona – que tende a privilegiar o intersubjetivo, deixando em segundo plano o trabalho psíquico exigido pela pulsão – com a psicanálise francófona, que tende a privilegiar o intrapsíquico, deixando em segundo plano o trabalho psíquico imposto ou realizado pelo objeto. O resultado dessa articulação é que passamos a trabalhar com o par pulsão-objeto. O intrapsíquico e o intersubjetivo, ou seja, o corpo pulsional, e o outro enquanto outro-sujeito estão sempre presentes, tanto na constituição do psiquismo quanto na psicopatologia.

Li no seu livro que foi ele quem organizou a psicopatologia em dois grandes grupos, neurose e não neurose (MINERBO, 2012).

De fato, hoje em dia há vários recortes para pensar a psicopatologia, com sua pertinência e relevância. Mas, para mim, o recorte que permite reconhecer na clínica as formas neurótica e não neurótica de funcionamento mental é básico. Na prática, raramente encontramos formas puras de uma ou de outra. Na análise de pacientes predominantemente neuróticos, com frequência nos deparamos com um núcleo melancólico, e vice-versa: muitas vezes, um quadro não neurótico se apresenta clinicamente como se fosse uma neurose. Mesmo assim, acho que é muito útil poder diferenciar essas duas formas relativamente estáveis de funcionamento psíquico.

Você poderia retomar as ideias básicas do seu livro? (Risos.)

(Risos.) Ah, não gosto de reler o que escrevi! Mas lembro de dois pacientes, Roberto e Márcia, que ilustram essas duas formas fixas e repetitivas de interpretar a realidade, bem como as defesas que mobilizam.

Roberto acaba de ter um filho. Conta-me que certa noite tentava, em vão, acalmar o bebê que chorava. Conclui o relato com uma fórmula que já conheço bem: "nem isso eu consigo fazer direito!" Ora, nem todas as pessoas que não conseguem acalmar seus filhos reagem dessa maneira! E para quê ele tenta se convencer, e me convencer, de que é um garotinho incapaz e impotente? Note que, ao se ver assim, ele realmente fica muito aquém do que poderia, tanto em sua vida profissional quanto sexual. Embora essa forma de ser produza uma forma de sofrer – tanto que ele procura análise –, ela precisa ser vista como a melhor solução que a criança-nele encontrou para fazer face à culpa edipiana. Na lógica neurótica, a plena realização de seu potencial equivale a matar o pai. O problema é que tal solução se tornou totalmente anacrônica do ponto de vista do adulto em que aquela criança se transformou. A frase "nem isso eu sei fazer direito", que vai se repetir em contextos diferentes, é um fio que o analista pode puxar para levar o paciente a fazer contato com a natureza de seus conflitos, essencialmente intrapsíquicos.

Já o universo psíquico de Márcia é completamente diferente. Os conflitos intrapsíquicos e a culpa não estão em primeiro plano: para ela, a vida é uma eterna luta de vida ou morte com seu objeto interno. No começo da análise, não lembro o contexto, seu marido disse a ela que estava com fome. Ela fica irritada e responde que não está ali para servi-lo. Depois de algum tempo, acabo entendendo que a criança-nela interpretou o que ouviu como acusação: "se eu estou com fome, a culpa é sua, e eu te odeio por isso". Este tipo de interpretação, que se repete o tempo todo, é uma forma de ser e produz uma forma de sofrer. Ultrassensível, ela está sempre na defensiva para se proteger dos ataques que podem vir de qualquer direção. Não pode baixar a guarda nem perder tempo curtindo a vida. Amar, então, nem pensar!

Márcia, assim como Roberto, interpreta a realidade sempre da mesma maneira. Só que ele faz uma interpretação neurótica, e ela, uma interpretação não neurótica – nesse caso, paranoica – da realidade.

De fato, cada um habita um universo psíquico completamente diferente do outro. Você disse que a psicopatologia permite articular a clínica, que você acabou de descrever, às suas determinações inconscientes. Quais seriam as determinações inconscientes em cada caso?

Veja só: a afirmação reiterada de Roberto de que "nem isso ele sabe fazer direito" é defensiva e está a serviço de perpetuar uma relação infantil de submissão, de reverência e de idealização da potência da figura paterna. Ele se diminui para manter vivo o pai idealizado, a quem ama apaixonadamente em uma posição que podemos chamar de feminina. Aliás, imagina que, se fosse menina, seu pai teria sido mais carinhoso com ele. Por outro lado – e aqui já saímos da posição feminina para outra de rivalidade masculina com o pai –, a mesma fala serve para afirmar sua inocência: "não se preocupe, não quero ocupar o seu lugar, não sou um pequeno Édipo assassino, não precisa me punir com a castração, afinal eu não faço nada direito".

Esse argumento de "nem isso sei fazer direito" tem, ainda, outros sentidos na transferência materna: por exemplo, convocar a mãe onipotente que protegerá seu filhinho das agruras da vida. Naturalmente, tudo isso é inconsciente, pois foi devidamente recalcado. Mas é muito importante ter em mente que "o sintoma neurótico sempre está dirigido a outro objeto. É um tipo de diálogo com os objetos parentais da infância, agora internalizados como supereu. É a natureza e o conteúdo desse diálogo que devemos decriptar" (FERRANT, 2007, p. 409).

Quer dizer que meus dois pacientes, aquele que acha que as mulheres interessantes são "muita areia para seu caminhãozinho" e não são para o "bico" dele; e o outro, que foge das mulheres que se jogam no colo dele, também estão em diálogo com seu supereu?

Exatamente! Neles, como em Roberto, há um conflito entre a sexualidade infantil e o supereu. Cada um deu uma "solução" diferente ao conflito edipiano. Percebe como, embora cada paciente seja único, há elementos que se repetem com regularidade?

Percebo, sim. E Márcia? Quais seriam as determinações inconscientes do sofrimento paranoico?

Creio que já falei dela em conversas anteriores, por isso, serei mais sucinta. Primeiro, boa parte de seu sofrimento tem a ver com a luta pela sobrevivência do eu. Isso é típico do sofrimento não neurótico. Segundo, isso acontece porque há uma zona de confusão sujeito-objeto. Neste setor específico de seu psiquismo, a separação sujeito-objeto não foi realizada de modo suficiente, tanto que ela o confunde com um aspecto de seu próprio mundo interno. Terceiro, a angústia de morte não é vivida como tal, mas é transformada defensivamente em irritação/ódio, o que a mantém psiquicamente organizada. Esses são alguns dos elementos inconscientes que determinam o sofrimento paranoico.

Então, o objetivo da análise seria ajudá-la a completar a separação sujeito-objeto?

Acho que isso vem acontecendo. Com dois anos de análise, ela já era capaz de me dizer "sei que ele *não* me acusou de ser má esposa, fui eu que ouvi isso". Hoje, com quatro anos, ela percebeu algo que sequer podia imaginar: como tem medo de pedir comida e levar uma bronca, ele se limita a dar a dica "estou com fome".

Surpresa, Márcia vem reconhecendo que "ele parece um menininho de 6 anos com medo da mãe"!

Ela começa a ver o marido com outros olhos!

O que só é possível porque está em outra posição subjetiva. Que, por sua vez, só é possível porque ela se separou de seu objeto interno. Está brigando muito menos com o marido.

Pelo que entendi, podemos diferenciar neurose e não neurose a partir do tipo de angústia. Roberto se defende de angústias ligadas à gestão da excitação sexual e do prazer. Márcia continua às voltas com angústias ligadas à sobrevivência do eu.

Como eu disse, tenho mais facilidade em lidar com o sofrimento não neurótico. Quase não escuto mais falar em conflitos ligados à sexualidade infantil, a ponto de ter grande dificuldade em reconhecer e trabalhar com os aspectos neuróticos.

Eu também quase não escuto mais falar em sexualidade. Green (1995) escreveu um artigo bastante contundente, no qual critica o abandono desse conceito em certos grupos psicanalíticos. O título *Sexualidade tem algo a ver com psicanálise?* é sugestivo. Enfim, cada instituição faz seus recortes teóricos, muitas vezes excluindo temas e autores importantes.

Talvez seja um sintoma do recalque da nossa própria sexualidade. (Risos.)

(Risos.) Talvez! Já que você tem uma dificuldade especial com a neurose, tenho uma proposta a fazer: podemos dedicar o resto da conversa de hoje ao sofrimento neurótico. Depois agendamos outra conversa só sobre o sofrimento narcísico – que é uma forma mais precisa de falar do sofrimento não neurótico, pois especifica que as dificuldades estão ligadas à constituição do eu.

Excelente ideia!

Então vamos lá! A neurose é uma forma de ser e de sofrer ligada ao fracasso – mais ou menos grave – na travessia edipiana. Vamos, então, começar falando do Édipo: o que significa exatamente "atravessar o Édipo", como e porque essa travessia pode fracassar, e com que consequências. Receio que agora nosso diálogo se transformará em monólogo, por isso, não hesite em me interromper sempre que tiver dúvidas.

Pode deixar!

Primeiro deixe-me diferenciar o Édipo enquanto estrutura, da crise edipiana e da organização edipiana (ROUSSILLON, 2007).

O Édipo enquanto *estrutura* se refere ao fato de que precisamos construir nossa identidade em função de sermos filhos de um pai e de uma mãe que se uniram sexualmente. Por isso, nossa identidade se organizará sempre a partir da articulação de uma dupla diferença: de sexo e de gerações. Enquanto matriz do sentido e da identidade, o Édipo está presente desde o nascimento, já que essa dupla diferença está presente desde a nossa origem. Por isso, Melanie Klein falou em Édipo precoce.

Acontece que em determinada idade (entre 4 e 5 anos), essa estrutura, matriz da identidade, entrará em crise, isto é, as demandas pulsionais típicas da fase genital começarão a fazer barulho e a se tornar visíveis no cotidiano familiar. Os dois eixos organizadores da identidade, diferença entre os sexos e as gerações, começam a produzir conflitos entre a criança e seus pais. Já o termo *organização edipiana* designa a maneira pela qual a criança solucionou a crise. Tanto pode ser uma solução predominantemente "para a frente", em direção à saúde mental, quanto predominantemente "para trás", em direção à neurose. Seja qual for, a solução envolve certo tipo de trabalho psíquico que fará a crise sossegar.

Mas, pelo que vejo na minha clínica, nem todo mundo chega à crise edipiana!

Tem razão. Há pessoas, como a já citada Márcia, que ainda não resolveram a primeira questão básica na constituição da identidade, que é a diferença eu-não eu, ou sujeito-objeto. Essa diferença está permanentemente em crise, isto é, o sujeito continua confundido com seu objeto primário, o que torna a relação com o outro barulhenta e difícil. Naturalmente, para essas pessoas, a diferença entre os sexos e as gerações não é uma questão porque há outras coisas mais urgentes.

Mas para o que nos interessa hoje, muitas crianças conseguiram descobrir a diferença eu/não eu, a crise edipiana eclodiu, mas encontraram respostas mais ou menos inadequadas por parte do ambiente para suas demandas de gratificação libidinal, o que resultou em um impasse na travessia edipiana.

Respostas inadequadas por parte do ambiente na fase edipiana?

Sim, claro! A expressão costuma ser usada para as falhas precoces em que o objeto primário não conseguiu atender às necessidades básicas do eu, mas o ambiente continua respondendo às demandas da criança e influindo na constituição do psiquismo até, pelo menos, o fim da adolescência!

Aliás, a primeira teoria das neuroses de Freud incluía, de certa forma, as respostas inadequadas do ambiente. Ele acreditava que a criança havia sido efetivamente seduzida por um adulto, o que a havia excitado além da conta, mobilizando o recalque. Mas com o abandono dessa teoria em 1897, a sedução passou para a conta das fantasias de desejo da própria criança, ligadas à sexualidade infantil. O adulto sedutor foi abandonado por Freud. Mais tarde, foi "redescoberto" por Ferenczi. Laplanche (1988) retoma algumas ideias deste autor, e o adulto sedutor – agora incluindo a mãe – volta à cena com sua *Teoria da sedução generalizada.*

Mas atenção: essa não é uma teoria sobre a neurose, mas sobre a própria constituição psíquica. Durante a amamentação e os cuidados corporais, os significantes enigmáticos ligados à sexualidade materna põem o psiquismo para trabalhar, pois a criança tentará dar algum sentido àquilo que percebe, inaugurando o trabalho de simbolização. Assim, a sedução generalizada é tão inevitável quanto necessária, pois esses significantes serão recalcados constituindo o inconsciente.

Qual seria a diferença entre o recalque que constitui o inconsciente e aquele que dá origem à neurose?

Ótima pergunta! Na verdade, é exatamente o que estou tentando entender. São ideias ainda embrionárias, mas já que perguntou, vou compartilhá-las com você. Talvez essa discriminação nem seja possível, tanto que a gente fala em organizações normoneuróticas. Mas eu acho que há, sim, diferença. Vamos ver se consigo explicar qual seria.

Em condições normais, há prazer na relação mãe-bebê. Roussillon (2008b) discrimina quatro tipos de prazer que se entrelaçam, formando uma trança. 1) O prazer de encher a barriga e matar a fome. 2) O prazer erótico de sugar o seio. 3) O prazer, ou melhor, a satisfação ligada a uma comunicação bem-sucedida, em que a mãe e a criança se entendem bem. 4) Um prazer, enigmático para a criança, ligado ao erotismo da mãe. Ela tem prazer erótico quando dá de mamar e cuida do corpo da criança. Esta capta algo desse prazer, o que abre caminho para que ela venha a descobrir o prazer que a mãe tem com o pai.

Nesse sentido, Laplanche tem razão: o prazer erótico da mãe é sempre enigmático para a criança. Quando ele excita a criança de maneira "suficientemente boa", põe seu psiquismo para trabalhar. Nessas condições, o recalque primário, tão necessário para que a barreira entre consciente e inconsciente se constitua, consegue operar de modo eficaz. Mas a mãe pode atuar com a criança suas próprias questões eróticas mal resolvidas, o que torna a situação não apenas enigmática, mas francamente traumática. A mãe que atua e responde de forma inadequada às demandas libidinais da criança acaba excitando-a além da conta.

Como assim?

Quando a excitação é excessiva, o recalque primário não é suficiente para manter os conteúdos recalcados quietos no inconsciente. O desejo recalcado ameaça retornar à consciência, o que obriga a criança (e também o adulto normoneurótico) a mobilizar também o recalque secundário.

Entendi. Mas acho difícil imaginar como a mãe pode atuar suas questões eróticas mal resolvidas.

Sua dúvida faz todo sentido, pois, como vimos, mesmo Freud, que começou pensando que os adultos atuavam sua sexualidade com a criança, renegou essa ideia quando descobriu a sexualidade infantil. Mas, como vou tentar mostrar, há uma parte que realmente cabe à sexualidade infantil, mas outra que cabe à sexualidade do adulto – suas questões eróticas mal resolvidas.

Antes de abordar qual é a parte de cada um, cabe retomar brevemente qual é a angústia que motiva o recalque. Para Freud, a angústia tinha a ver com representações do desejo (gratificação libidinal) intoleráveis e conflitivas do ponto de vista da moral civilizada. Mas os padrões morais sexuais mudaram, o que nos obrigou a repensar a questão de qual é a angústia que motiva o recalque. Acredito que a angústia que torna certas representações de desejo intoleráveis tem a ver com a possibilidade de ser tomado nas malhas da sexualidade inconsciente dos pais: a fome de um se juntaria perigosamente com a vontade de comer do outro – a isso chamamos incesto. Nessas condições, a excitação sexual tende ao paroxismo, configurando o que Roussillon (1999) chama de traumatismo secundário. Sempre que algo na vida do sujeito evoca, mesmo de longe, a possibilidade de repetição desse traumatismo, o supereu aciona o recalque secundário.

O que seria traumatismo secundário?

Espero que se lembre de nossa conversa sobre trauma e simbolização, pois não temos tempo de entrar nesse tema hoje. Usei o modelo da espiga, farinha e pão para explicar a diferença entre simbolização primária e secundária. Vou retomar só o necessário para explicar o que seria o traumatismo secundário.

O trauma primário é o conjunto de experiências emocionais que ameaçam a sobrevivência do eu e são vividas como angústias impensáveis. Nessas condições, as defesas – em particular a clivagem – vão afetar o processo de simbolização em sua raiz, tornando o processo de separação sujeito-objeto problemático. A criança fica presa nas malhas do narcisismo materno. Partes do eu da criança são sequestrados pelo eu da mãe. O eu da criança é requisitado para salvar o narcisismo da mãe, e suas funções psíquicas passam a ser necessárias para sustentar o narcisismo da criança.

Mais tarde, situações cotidianas da vida do adulto podem ativar os traços mnésicos das experiências que produziram angústias impensáveis, o que se manifesta clinicamente como fenômenos alucinatórios. É o retorno do clivado. Essa confusão sujeito-objeto caracteriza o funcionamento psicótico. Nos pacientes que apresentam um funcionamento predominantemente neurótico, essa separação foi feita de modo suficiente, mas sempre haverá zonas de indiferenciação, constituindo os núcleos não neuróticos, por exemplo, melancólicos, que encontramos na análise dos neuróticos.

Passo agora ao trauma secundário. Em vez de angústias impensáveis, a criança está exposta a situações demasiadamente excitantes do ponto de vista libidinal. E, da mesma forma que no funcionamento psicótico, situações cotidianas podem ativar as marcas deixadas pelas experiências de excitação: as representações-coisa. Uma vez ativadas, temos o fenômeno chamado retorno do recalcado, configurando o funcionamento neurótico. Vejamos.

Quando o adulto responde às demandas libidinais da criança atuando suas questões eróticas mal resolvidas, esta fica presa nas malhas da sexualidade dos pais. Isso significa que a sexualidade infantil é requisitada pelo desejo do adulto e, dialeticamente, o desejo do adulto excita a sexualidade infantil. Vale a pena insistir em uma imagem que me parece muito esclarecedora: a fome da criança alimenta a vontade de comer dos pais, e esta, por sua vez, potencializa a fome da criança. Qual é a defesa que vai ser mobilizada para domar toda essa excitação? O recalque.

Ele incide sobre a sexualidade infantil infiltrada e potencializada por elementos sedutores e excitantes, e fixa esse amálgama como fantasias sexuais inconscientes. Como elas se originam de experiências em que a fome se juntou à vontade de comer, elas têm caráter essencialmente incestuoso.

Como consequência, ela não consegue mais diferenciar o que diz respeito ao desejo dela e ao dos pais: a fantasia incestuosa é dela, é dos pais, de ambos? Por isso, quando uma situação externa ativa essas fantasias, o sujeito se angustia como se ela estivesse se realizando. É o retorno do recalcado.

Naturalmente, uma parte do eu sabe que é "apenas" uma fantasia, o que não acontece no funcionamento psicótico, em que essa distinção se perde e o sujeito tem uma percepção alucinatória da situação. Mesmo assim, a ativação da fantasia por uma situação cotidiana produz angústia e precisa ser novamente recalcada. O trabalho de análise consiste em ajudar o paciente a reconhecer como a fome de um se juntou à vontade de comer do outro. Esse é o trabalho de simbolização secundária.

Como seria isso na situação analítica?

Quando conversamos sobre Transferência eu citei um fragmento da análise de Donnet (2005) com Viderman. Sua sessão terminava às 20 horas. As badaladas de uma igreja próxima vão se sucedendo, e Viderman não encerra a sessão. Donnet se angustia e exclama: "mas eu não quero que o senhor me dê mais do que o meu tempo!". Viderman permanece sentado mais um minuto em silêncio, e então encerra a sessão.

Por que Donnet se angustia?

Porque algo na situação atual ativa a fantasia incestuosa. Ele tem a impressão de que o analista deseja retê-lo mais tempo, por isso, está transgredindo o enquadre, o que corresponderia à atuação do desejo incestuoso. Se Viderman se levantasse correndo, estaria se defendendo e confirmando sua parte na fantasia – seria uma fantasia compartilhada. Mas sua tranquilidade deixa claro que não se sente em risco de capturar seu paciente nas malhas de sua própria sexualidade, o que ajuda a criança-em-Donnet a perceber a parte que lhe cabe. É o processo de simbolização secundária.

Sim, faz sentido. Mas poderia voltar à questão da atuação de questões eróticas mal resolvidas por parte dos pais?

O erotismo do adulto se compõe não apenas da genitalidade, mas do erotismo pré-genital oral, anal e fálico. Esses elementos podem ter sido mal elaborados e mal integrados, caso em que serão atuados na relação com os filhos, dificultando o trabalho psíquico envolvido na travessia edipiana.

Nossa, agora vou precisar mesmo de uma pequena aula particular!

Nesse caso, podemos prosseguir por dois caminhos. O primeiro é abrir um parêntese para falar sobre como se constituem esses pontos de fixação pré-genitais, tomar um café e depois retomar a crise edipiana e seus impasses. O segundo é continuarmos com a crise edipiana, tomar um café e depois abordar os pontos de fixação. Qual caminho você prefere?

Prefiro o primeiro caminho, pois acompanha o percurso do desenvolvimento psicossexual da criança. Depois do café eu me comprometo a sintetizar a primeira parte da conversa para não perdermos o fio da meada.

Combinado! Vou desenvolver minhas ideias tendo como base os principais textos de Freud sobre a neurose, que você certamente conhece, e uma pequena história da subjetividade (ROUSSILLON, 2007). Meu objetivo é tentar explicitar o que a constituição dos pontos de fixação e a própria neurose devem à sexualidade infantil e à adulta. Em outros termos, vou fazer uma releitura da teoria geral das neuroses tendo como eixo o par pulsão-objeto.

***

Tudo começa quando a criança descobre a diferença eu/não eu, que finaliza a etapa do narcisismo primário, dá início à fase do narcisismo secundário e se estende até a travessia do Édipo. No narcisismo primário, ela acreditava no TUDO. Acreditava que podia produzir seu próprio prazer, com tudo de bom ao mesmo tempo, imediatamente e sem a ajuda de ninguém. Com a perda do narcisismo primário, ela descobre que não é bem assim e, então, a pulsão passa a ter uma fonte, que é o corpo com seus desejos, e um alvo, que é a representação de um objeto que poderia satisfazê-los. Ela muda de posição e passa à posição subjetiva denominada narcisismo secundário.

Não entendi como a criança vai conseguir reorganizar sua subjetividade a partir da perda da ilusão de autossatisfação.

É fundamental esclarecermos essa dúvida. Quando tudo dá mais ou menos certo, ela faz o luto pela perda do narcisismo primário. Vou traduzir para você um trecho que vai esclarecer este processo:

> *[o trabalho de luto produz] uma primeira* representação *de um objeto perdido, quer dizer, de um estado perdido que se transforma em um objeto narcísico a ser reencontrado [...]. Esse estado subjetivo anterior é aquele no qual o sujeito tem (tinha) a ilusão de que: TUDO (quer dizer, as experiências de satisfação, aquelas que são determinantes) pode se produzir, se criar, sozinho (ele não atribuía a ação nem a satisfação a um outro, ela era fruto de sua alucinação), imediatamente (a adaptação materna não o deixava esperar), tudo ao mesmo tempo (no mundo do narcisismo primário não é preciso escolher, não há conflito)* (ROUSSILLON, 2007, p. 116, grifo meu).

Mesmo que esse estado a que chamamos *eu ideal* (tudo, imediatamente, sozinho) tenha sido ilusório, ele foi vivido como real e se transforma em um estado subjetivo a ser recuperado. Essa *representação* do TUDO será transferida para objetos ou situações que serão os primeiros alvos da pulsão em busca do prazer. Ninguém desiste realmente de tentar reencontrar o ideal, ninguém faz um luto definitivo; todos continuamos tentando, mas nos contentamos com simples representações do ideal, com coisas que o simbolizam: o ideal do eu.

Vou insistir sobre um ponto que funciona como um divisor de águas na psicopatologia: a transferência do narcisismo primário para as representações do objeto ideal perdido só pode acontecer quando a criança descobriu a diferença sujeito-objeto. Quando não descobriu, o sujeito continua em busca do próprio objeto ideal perdido (o TUDO) e não de sua representação, caso em que estaríamos diante do funcionamento psicótico.

Se entendi bem, a capacidade de fazer o luto pela perda do objeto ideal e de transferir os investimentos libidinais para uma representação desse objeto diferencia o funcionamento normoneurótico do psicótico.

Isso mesmo. A marca registrada do funcionamento normoneurótico é a capacidade de transferir os investimentos libidinais de uma representação do objeto a outra representação do objeto. O ideal do eu, que todos nós perseguimos durante a vida inteira, é algo que se fosse plenamente atingido, supostamente nos devolveria a experiência nirvânica do TUDO, do prazer absoluto.

Então, a saúde mental implica em conseguirmos transferir o ideal do eu para novos projetos, adiando mais um pouco a tão esperada satisfação absoluta, como a cenoura que colocamos na frente do burro para que ele siga em frente! (Risos.)

(Risos.) A teoria da cenoura na frente do burro é excelente! Precisamos acreditar que nossos projetos vão nos trazer algo próximo do TUDO; sem isso, nem levantamos da cama de manhã. A capacidade de ir deslocando o desejo de uma representação a outra é sinal de saúde mental, mas se encontra também no funcionamento neurótico, levando à produção dos sintomas.

Pois bem: a criança que entra na fase do narcisismo secundário vai lançar mão de vários deslocamentos na tentativa de recuperar a suposta satisfação absoluta, o TUDO do narcisismo primário perdido. A organização oral, anal, fálica e genital são algumas dessas estratégias. Espero que eu tenha respondido à sua pergunta sobre como a criança reorganiza sua subjetividade depois de perder a ilusão de autossatisfação.

Sim, e agora gostaria de ouvir mais sobre essas organizações e o que elas têm a ver com a neurose.

Cada uma dessas organizações envolve um tipo de gratificação libidinal e uma forma igualmente típica de tentar obter essa gratificação na relação com o outro. Lembre-se de que estamos trabalhando com o par pulsão-objeto. Quando a criança se depara com os impasses ligados ao Édipo, poderá retornar a elas, pois é melhor uma gratificação regressiva do que nenhuma. Mas isso só trará novos conflitos e novas defesas. Daí os vários "tipos" de sofrimento neurótico: histeria de angústia (ou fobias), histeria de conversão e neurose obsessiva.

Imagino que poderíamos dedicar uma conversa inteira para cada uma.

Com certeza. Por isso, vou apresentar apenas alguns elementos básicos da *Teoria geral das neuroses*. Como ela envolve uma regressão aos pontos de fixação, vamos precisar entender como estes se constituem, sempre levando em conta o par pulsão-objeto.

Então podemos começar com o modo oral de organização do par pulsão-objeto.

No modo oral de organização da pulsão, a criança transfere o ideal narcísico do TUDO para o seio, que se torna idealizado. Isso significa que ele passa a ser vivido como fonte de toda a gratificação, e uma gratificação vivida como absoluta. Note que estamos falando do seio como objeto de gratificação libidinal, como objeto do desejo, objeto erótico. Veja que introduzi a sexualidade na relação precoce com a mãe. Isso significa que a mãe não está lá só para fazer a função alfa, o *holding*, a função reflexiva e outros conceitos que nos serão muito úteis para entender o sofrimento narcísico. Precisamos ter em mente que a criança tem demandas pulsionais, sexuais, eróticas, na relação com a mãe, e a mãe também está em uma relação libidinizada com a criança. Se você se lembra, eu disse que a angústia que levava ao recalque era a possibilidade de ser tomada na rede da sexualidade dos pais.

Pois bem, a pulsão que se organiza, no modo oral, passa a ter como objeto o seio, e como objetivo engolir o seio ou se fundir com ele.

Seria uma ótima maneira de voltar a ser a fonte de sua própria satisfação.

A criança não é nada boba! Pois bem, o objeto do desejo é visto como inesgotável em sua capacidade de dar e, por isso, o sujeito espera dele a gratificação absoluta. É o que Abraham (1924) e Klein (1935) chamaram de voracidade e sadismo oral, pois o desejo e a tentativa de devorar o seio o destruiria.

Conheço pessoas assim. Uma amiga minha não consegue ter uma vida amorosa estável porque exige dos homens o impossível em termos de amor. Está sempre insatisfeita. No começo, eles tentam corresponder, mas depois de um tempo se irritam ou se esgotam, vão embora e ela fica ainda mais carente.

E tenho uma paciente que pode ser chamada de gulosa. É louca por massas e doces, adora fazer bolos e não se satisfaz com apenas uma fatia. Tem vontade de comer o bolo inteiro. Sofre muito para se controlar. Nas sessões, fala muito de comida, especialmente de bolos. Fica horrorizada com dietas radicais sem glúten, sem lactose, sem isso e sem aquilo. Para ela, são pessoas que se blindaram às tentações da vida, como se vivessem em um claustro. Ela também fica horrorizada com as pessoas que simplesmente comem tudo o que querem, mas sofrem de obesidade mórbida.

Os dois exemplos ilustram muito bem o modo de ser e de sofrer ligados à organização oral do par pulsão-objeto. Sua paciente parece ter quase um fetiche por bolos, tal o grau de excitação erótica diante deles. Classicamente, a voracidade seria constitucional. Não gosto tanto desse termo, pois mascara o que há de erotismo e de idealização da gratificação oral. Seja como for, não acho que dá para explicar a gula – e, principalmente, não dá para trabalhar analiticamente com esse ou qualquer outro modo de organização da pulsão – se a gente não incluir o inconsciente do objeto na construção desse ponto de fixação oral.

Quando tudo dá mais ou menos certo, a criança vai perceber que o seio não é "tudo isso" e que a gratificação absoluta almejada não é possível – isso simplesmente não existe. Vai descobrir que a mãe não foi colocada no mundo só para gratificá-la e que, mesmo que quisesse, não conseguiria funcionar como o seio infinito com o qual a criança sonha e que desejaria engolir. Enfim, quando tudo dá mais ou menos certo, a criança se depara com os limites de gratificação que o seio pode proporcionar. Frente a esse fato, terá de retomar o trabalho de luto, mas já em outro patamar, e fará isso criando uma nova representação – uma nova cenoura, se você quiser – do que poderia fazê-la recuperar a experiência do TUDO.

E o que é necessário para que "tudo dê mais ou menos certo", como você diz, e a criança se depare com esses limites?

Como vimos, o ambiente precisará responder de maneira adequada para ajudar a criança a diminuir suas expectativas e para acalmar a desmesura do seu desejo, condição para poder integrar a pulsão e o desejo. Sua paciente, evidentemente, não integrou suficientemente a "pulsão gulosa"! (Risos.)

(Risos.) Mas é capaz de reconhecer que uma amiga – que não é nem gorda nem magra, que tem prazer em comer, mas se cuida – conseguiu essa integração. Ela sonha em ter essa "paz".

Espero que você consiga ajudá-la! Como eu dizia, a criança idealiza o seio, isto é, acredita que a gratificação absoluta existe, razão pela qual vai exigir isso da mãe. A grande questão é o que a mãe – leia-se sempre "o ambiente" – vai fazer com essa demanda desmesurada, como ela vai responder. Pois bem: os elementos realmente importantes dessa resposta são determinados por fatores inconscientes. A mãe reagirá à demanda a partir daquilo que ela mesma recalcou em termos do seu erotismo oral e dos conflitos ligados a ele. E nisso ela pode dar respostas suficientemente adequadas, e aí tudo "dá mais ou menos certo" e a criança fica mais ou menos tomada nas malhas da sexualidade materna.

Teria um exemplo?

Como os namorados de sua amiga, uma mãe pode se irritar com um bebê que lhe parece um *bon vivant*, que adora ser paparicado e que, se deixar, não vê problema em usar o seio como chupeta por longas horas. Outra pode ficar excitada e adorar ter seu seio sugado por longas horas e, então, não tira o peito da boca dele. Uma terceira pode morrer de pena de frustrar a criança – ela mesma lida muito mal com frustrações – e permite que ela fique pendurada em seu seio o dia todo.

São as atuações que você mencionou há pouco!

Perfeitamente! Em relação à sua paciente gulosa, podemos imaginar que a mãe concentrasse grande parte de sua vida erótica na amamentação. De qualquer forma, para a escuta analítica, o bolo é uma excelente representação do seio. Mas por que justamente bolo e não empadinhas?

Ela conta que, quando criança, passava diversas tardes fazendo bolo com sua mãe. As duas adoravam. Tenho a impressão de que a mãe tinha medo de sair para o mundo, que trabalhava fora apenas o estritamente necessário e logo voltava para o aconchego protegido da cozinha e dos filhos. Aliás, a avó e a tia também adoram fazer bolos. Ela deu uma batedeira de presente para a avó, uma dessas batedeiras bem bacanas.

Então as mulheres da família fazem parte de uma "seita do bolo"! Percebe que o bolo funciona como um significante enigmático? Podemos imaginar que a mãe prolongou para além da conta algo equivalente à amamentação, mas por necessidades dela, mãe, e não da filha. De certa forma, seduz a filha para que faça parte dessa "seita" e esta, em complemento, quer a mesma coisa e, por isso, se deixa seduzir. A filha ficou pendurada no bolo, uma deliciosa representação do seio. Percebe o que quero dizer com ficar tomada na sexualidade materna?

Sim, percebo bem como funciona esse enrosco no qual a fome de uma se junta à vontade de comer da outra.

Essa atuação da mãe produz um excesso de gratificação e/ou de frustração oral, e ambas as situações excitam a pulsão além da conta. O leque de respostas inadequadas, e sempre ligadas ao inconsciente recalcado dos pais, é amplo e sutil.

Em um trabalho anterior (MINERBO, 2010), propus o termo *elementos-beta eróticos* para indicar os aspectos da sexualidade parental insuficientemente simbolizados e integrados, que serão necessariamente atuados na relação com a criança, originando núcleos neuróticos. Outro termo, *elementos-beta tanáticos*, indicava aspectos não simbolizados nem integrados referentes ao narcisismo parental. Quando atuados, em vez de seduzir a criança, como os eróticos, configuram um verdadeiro ataque ao narcisismo da criança (daí o termo "tanático"), originando núcleos não neuróticos. Desenvolvi essas ideias em outros textos. Hoje, estou tentando entender melhor o destino dos elementos-beta eróticos dos pais na constituição dos núcleos neuróticos dos filhos.

Eu li o texto a que você se refere. Chama-se Núcleos neuróticos e não neuróticos: constituição, repetição e manejo na situação analítica. *Achei interessante sua proposta de que elementos-beta eróticos e tanáticos estão na origem de núcleos neuróticos e não neuróticos, respectivamente. E você mostra isso trazendo fragmentos da análise de uma mesma paciente. Mas voltando ao nosso assunto de hoje, o que acontece quando a criança recebe os elementos-beta eróticos que se originam no psiquismo parental?*

Começamos a ver isso com sua paciente que faz parte da seita do bolo. A atuação dos elementos-beta eróticos produz sempre um excesso de gratificação e de frustração.

Frustração? Pensei que fosse sempre algo muito sedutor e excitante para a criança!

Vamos imaginar que a mãe tenha horror à própria gula e tentasse evitar que a filha se tornasse igualmente gulosa. Aliás, sua paciente fala disso referindo-se a amigas que fazem dietas radicais, sem glúten, sem lactose, e que, do seu ponto de vista, se blindaram a esses prazeres.

É a mesma coisa, só que pelo negativo!

Pois é! A mãe que tem horror à própria gula pode tentar eliminar todos os vestígios de bolo na vida da filha. Isso constituiria um significante igualmente enigmático para a filha: "por que na minha casa os bolos são tabu?". A sexualidade materna estaria presente em negativo, produzindo excesso de frustração. Essa experiência também excita, seduz, atiça a curiosidade, o desespero de saber o que é um bolo e por que ele é tão "perigoso". O que é proibido excita ainda mais, não é? A filha fica tomada nas malhas da sexualidade materna do mesmo jeito!

A frustração excessiva também é excitante e sedutora! Não tinha pensado nisso.

Em vez de ajudar a apaziguar o desejo da criança, tornando-o tolerável para que possa ser integrado, a atuação dos elementos-beta eróticos por parte das figuras parentais produz um excesso de gratificação ou de frustração, o que excita a criança além de sua capacidade de recalque primário.

Imagino que é esse excesso que acaba produzindo conflitos entre sexualidade e supereu.

Exatamente. Em outros termos, é isso que torna muito mais difícil a integração do próprio desejo. Sua paciente inveja a "paz" daquela amiga que integrou bem sua sexualidade oral: não é nem gorda nem magra, come com prazer, mas se cuida. E sabe muito bem qual o destino da impossibilidade de integrá-la: ou o sujeito vai tentar resolver o conflito abolindo a sexualidade de sua vida (enfiando-se no claustro das dietas radicais), ou vai atuar essa sexualidade desbragadamente, tornando-se obeso. São formas de retorno do recalcado.

Como assim?

O que a criança pode fazer com o excesso de excitação produzido pelos elementos-beta eróticos parentais? Pode recalcar violentamente esse pacote! Quando o recalque é excessivo, a excitação não apaziguada, não integrada, tende a retornar. Ela força seu retorno para a consciência, por exemplo, na forma de tesão incoercível por bolos que ela não sabe de onde vem. Claro, quase todo mundo gosta de bolo, mas aqui o significante está no lugar de outra coisa, senão não apareceria tanto no material clínico.

E as coisas parecem estar mudando. Outro dia ela contou que comeu morangos divinos. Estava entusiasmada por descobrir que não só de bolos vive o prazer de comer. Morangos também são muito prazerosos e não engordam. É verdade que são raros, pois eram morangos americanos...

Mesmo assim há um movimento, afinal, morangos não fazem parte da seita do bolo. Eu estava dizendo que o excesso de frustração e de gratificação excitam a criança além da conta impedindo a integração da sexualidade, isto é, obrigando-a ao recalque. É assim que a sexualidade parental passa a fazer parte da fantasia sexual inconsciente da criança. Infiltra, molda e fixa essa fantasia, e não aquela. E como esta tem essa dupla origem, determina tanto o modo predominante de satisfação da pulsão quanto de relação com o outro. É assim que entendo o conceito de "ponto de fixação", que tem um papel preponderante tanto na constituição do desejo como na "escolha da neurose", como dizia Freud em meados de 1913 (FREUD, 1975i).

Por quê?

Porque por ocasião dos impasses edipianos, dos quais ainda vamos falar, o sujeito regredirá a esses modos preferenciais de gratificação e de relação com o outro.

E quando as coisas dão mais ou menos certo?

Imaginemos, agora, que as respostas foram suficientemente adequadas: o seio não gratificou nem frustrou excessivamente o erotismo oral da criança. Os elementos-beta eróticos não chegaram a impedir que a mãe indicasse, de modo firme, mas não traumática, os seus limites. A criança percebeu que o projeto de engolir o seio não vai trazer de volta a gratificação absoluta perdida junto com o narcisismo primário. E então a fila anda: ela continuará atrás da cenoura, só que agora com uma nova estratégia, possibilitada pela maturação biológica. A criança deslocará o ideal perdido para o prazer proporcionado pelo funcionamento do esfíncter anal.

Então vamos conversar agora sobre a organização anal do par pulsão-objeto.

Sim, mas vamos fazer isso lembrando que ainda temos chão pela frente: queremos chegar ainda hoje na travessia edipiana!

Ok. Quais são as gratificações propiciadas por essa forma de organização?

Entre outras, são gratificações ligadas ao exercício do poder.

Na organização anal do par pulsão-objeto, o prazer não se limita ao poder de reter e expulsar as fezes: estende-se à relação com o outro. Há prazer em submeter o outro à própria vontade, em mandar, controlar, dominar, enfim, em afirmar o próprio poder e seu próprio querer sobre o outro. Mas também há prazer em ser submetido, em ficar na posição passiva, em se oferecer como objeto do sadismo anal do outro, enfim, variações de uma posição masoquista.

Se antes a criança ficava nas mãos da mãe, que oferecia e retirava o seio quando bem entendesse, agora é ela quem fica nas mãos da criança, que pode reter ou expulsar as fezes quando bem entende. Se deixar, ela se torna uma verdadeira tirana. Assim como a voracidade (gula) resultava da idealização do prazer que o seio pode proporcionar, a tirania resulta da idealização que o poder e o controle sobre o outro podem proporcionar.

E aqui, também, a possibilidade de integrar o erotismo anal dependerá das respostas do ambiente à desmesura do desejo da criança. Se tudo der certo, a mãe indica, de maneira acolhedora, mas clara, que aceita se submeter às vontades dela, mas só até certo ponto. Ela permite que a criança obtenha alguma gratificação, mas também coloca limites, o que apazigua a excitação. Ela se mantém em um nível tolerável e integrável. Mas, como já entendemos, a resposta da mãe à demanda pulsional desmesurada da criança depende de seu inconsciente. Se o erotismo anal estiver mal integrado, ela poderá atuar suas fantasias de poder e dominação sobre a criança e, então, a criança será tomada nas malhas da sexualidade materna.

Pode dar um exemplo?

Ela pode ter um lado masoquista e permitir que a criança exerça seu sadismo sobre ela sem impor limites. Ou, ao contrário, ela mesma pode ter prazer em controlar a criança com um rigor que beira o sadismo durante o treinamento esfincteriano. Ou em humilhá-la quando faz cocô no lugar errado e na hora errada. Ou pode ficar com pena e evitar o treinamento, o que deixa a criança sem referências quanto aos limites necessários.

Tudo isso vai produzir um excesso de gratificação ou frustração que, juntamente com os elementos-beta eróticos da mãe, não poderão ser integrados. Eles serão recalcados, constituindo-se um ponto de fixação. O funcionamento obsessivo resulta do recalque violento da analidade e das defesas que serão mobilizadas contra o retorno do recalcado.

Quem sabe uma situação clínica seja ainda mais ilustrativa?

Rubens têm fantasias sexuais de tonalidade francamente masoquista, que me lembram muito o texto de Freud de 1919, *Bate-se numa criança* ou *Uma criança é espancada*, conforme a tradução (FREUD, 1975f). Se você tiver curiosidade, vale a pena ler. Vou me ater a como aparecem na transferência. A situação analítica é interpretada por ele dentro da lógica anal da dominação e da submissão. Para ele, cada interpretação é uma forma disfarçada de apontar seus defeitos morais, o que me proporcionaria um gozo sádico. O papel dele é aceitar, se submeter e tentar corrigir seus erros, como quem promete que na próxima vez vai tentar fazer cocô no penico. Para ele, a análise é uma espécie de treinamento esfincteriano detestável, mas necessário.

Quando lhe pergunto porque eu teria prazer em apontar os seus erros, responde que seria uma compensação pelas frustrações que a vida me impôs. Imagina minha vida sem graça, muito distante do sucesso pessoal e profissional que eu ambicionava. Para não me sentir fracassada, eu usaria o poder conferido pela minha condição de analista para me satisfazer. Percebe como ele tem pavor de que eu atue com ele o meu próprio desejo?

Sente vergonha e se esconde do mundo a cada vez que imagina que fez uma bobagem, o que indica o diálogo interno com uma figura (que eu encarno na transferência) que terá o maior prazer em humilhá-lo. Essa é a fantasia sexual fixa com a qual se tortura masoquisticamente o dia inteiro, como uma música de fundo que nem se percebe mais.

É um ponto de fixação?

Exatamente, uma forma regressiva de obter prazer. Por isso, me lembra a fantasia da criança espancada descrita por Freud. Muitas vezes, tenho a impressão de que ele realmente se esforça para fazer bobagens para alimentar essa fantasia com elementos da realidade. Por exemplo, vai adiando a entrega de trabalhos importantes, ocupando-se com coisas secundárias, mas não deixa de se torturar até o último minuto com a perspectiva de um fracasso retumbante e com a vergonha e a humilhação que se seguiriam. Certa vez, tinha que entregar para o chefe um relatório que não saía de jeito nenhum. O chefe estava desesperado, pois precisava dos dados para uma reunião importantíssima. Acabou saindo no último minuto, o que foi um verdadeiro alívio!

Podemos agora passar para a organização fálica da pulsão?

Como vimos, se tudo der mais ou menos certo, a criança se depara com os limites do seu projeto de obter o prazer absoluto pela via da analidade e consegue integrar o modo de satisfação proporcionado pela organização anal do par pulsão-objeto. Mas a cenoura pendurada na frente do burro continua lá: a criança vai transferir o ideal narcísico perdido – o desejo de obter o prazer total, imediatamente, tudo ao mesmo tempo e sozinho – para os órgãos sexuais, resultando na reorganização fálica do par pulsão-objeto.

Afinal, o que é o falo?

Assim como na fase anterior, o ideal narcísico era transferido para o funcionamento do esfíncter anal; agora ele é transferido para a zona uretral. Graças a essa transferência, o pênis será idealizado como aquilo que proporciona o prazer absoluto e a completude narcísica a quem o possui. Ele é a primeira encarnação do falo. Mas "o falo não é um objeto material, não é o pênis, [...] é o símbolo desse reencontro, o símbolo que se encarna nesse reencontro; é por isso que as menininhas também são fálicas à sua maneira" (ROUSSILLON, 2007, p. 148).

Então não faz sentido falar em "inveja do pênis"!

Acho que faz mais sentido falar em inveja do falo. Homens e mulheres podem invejar quem aparentemente o possui, quem parece "inteiro" – para usar um termo que se aplica a cavalos e bois que não foram castrados. Na lógica fálica, os outros têm tudo...

... enquanto a gente tem que amargar a castração.

Se me permite uma pequena interpretação, agora você acaba de enunciar, com todas as letras, uma fantasia tipicamente histérica.

Desta vez está perdoada, mas que isso fique entre nós!

Não se preocupe, todos nós temos algo de histeria. Como eu estava dizendo, na organização fálica, a criança idealiza o pênis, visto como uma parte preciosa, mas infelizmente destacável do resto do corpo – tanto que alguns têm e outros não. Na lógica fálica, o objeto ou atributo que proporciona a vivência maravilhosa do TUDO pode ser perdido, o que produz a angústia de castração. Note que, em seu sentido mais amplo, a castração representa a punição frente à transgressão dos limites.

E qual é a característica desses objetos e objetivos fálicos?

Se na organização anal o prazer é obtido em relações marcadas pela dinâmica submeter/ser submetido, humilhar/ser humilhado, aqui o prazer é obtido em relações marcadas pela dinâmica ter/não ter, exibicionismo/*voyeurismo*, ver/ser visto. Tal como o pênis, são coisas ou habilidades que podem ser exibidas com prazer e orgulho para serem admiradas e invejadas pelo outro. E isso vai desde um novo par de sapatos até um atributo físico, intelectual, um namorado, fama, dinheiro etc. O importante é que o atributo tenha brilho suficiente para ser fascinante e poder ser exibido com orgulho. Mas há também o prazer complementar de olhar fascinado para o atributo que o outro exibe e que não se possui.

Você falou em brilho e lembrei da minha sobrinha, que adora encher seus desenhos de purpurina. Na infância, o brilho é concreto, enquanto para os adultos é metafórico.

Nem sempre. Há meninas que, mesmo quando crescem, continuam fascinadas pelo brilho de joias ou bijuterias douradas, prateadas, cravejadas de brilhantes faiscantes. Quando tudo isso tem uma importância exagerada, podemos pensar que o erotismo fálico da menina não foi suficientemente apaziguado e não pôde ser integrado.

Os homens contemplam, igualmente fascinados, a mulher que se sente poderosa justamente porque tem vivência subjetiva de possuir o falo.

Não é à toa que a aparência é tão importante para as mulheres. É a garantia de ter algo para exibir e de atrair olhares fascinados.

Como o falo é um atributo que pode ser perdido, a percepção de si mesmo como castrado produz vergonha, além do pavor de ser desprezado por todos aqueles que são vistos como não castrados. Nesse caso, ver e ser visto passa a ser uma verdadeira tortura, porque o sujeito vai oscilar entre a inveja dos que "têm tudo" e o desprezo por "não ter nada". Quando um paciente age pautado por essa lógica, significa que não descobriu a diferença entre os sexos, ou seja, que cada pessoa é uma pessoa, com suas qualidades e limitações, e que ninguém tem "tudo".

Agora entendo o sucesso das mídias sociais: elas estão inteiramente baseadas na lógica fálica. Cada um pode exibir sua felicidade em fotos e também assistir à felicidade do outro com um misto de admiração e inveja. Uma amiga confessou que quando olha para as próprias fotos no Facebook *chega a ter inveja de si mesma, pois era totalmente feliz e sabia disso.*

Bem observado! A resposta do ambiente à desmesura do desejo fálico da criança, que se expressa por manobras exibicionistas e *voyeuristas*, determina se a organização fálica da pulsão poderá ser integrada ou se produzirá um ponto de fixação. E essa resposta provém do inconsciente dos pais, de como eles puderam ou não integrar seu próprio projeto fálico. Se uma criança exibe uma competência qualquer, e vê na cara dos pais que para eles aquilo não vale nada, ela se vê privada da experiência gratificante de ser o falo dos pais. E, ao contrário, se qualquer coisa que ela faça é exibido e admirado como tendo valor fálico para os pais, se eles são absolutamente fascinados por ela, vai ficar muito mais difícil ela perceber e aceitar que não é tudo aquilo. Quando a fome de um se junta com a vontade de comer do outro, a criança fica capturada.

Quando meus filhos eram pequenos, na piscina do clube, dezenas de crianças berravam ao mesmo tempo "MANHÊ, OLHA PRA

MIM!" E então mergulhavam, ou exibiam outras habilidades aquáticas em performances *que duravam horas. Lembro de uma mãe que ridicularizava sistematicamente as exibições do filho. Ele ficava sem graça, envergonhado e foi broxando, coitado!*

É evidente que ela atuava algo ligado ao próprio desejo exibicionista mal integrado. Enfim, quando tudo dá certo, a fila anda e a criança descobre que as pessoas não são diferentes, porque umas são completas, e outras, castradas: simplesmente sua anatomia é diferente. Sendo assim, ninguém pode ser homem e mulher ao mesmo tempo. O projeto de "ser tudo" pela via da posse do falo não tem como se realizar. Ninguém é castrado, ou melhor, todos são "castrados", com aspas, indicando que todos precisam do outro sexo para se completar.

Outra vã esperança! (Risos.)

Mas isso a criança ainda não sabe. Aliás, nem muitos adultos! O fato é que, quando tudo dá certo, a descoberta da diferença entre os sexos vai desencadear a crise edipiana.

Acho que agora podemos parar para tomar um café. Na volta, eu sintetizo o que vimos até aqui para recuperarmos o fio da meada.

Ótimo.

***

Você falou sobre as várias formas de organização do par pulsão-objeto anteriores à eclosão da crise edipiana. Elas envolvem uma forma preferencial de gratificação pulsional e uma forma específica de relação com o objeto. Sua ideia era mostrar como se constituem os pontos de fixação aos quais a criança regride quando a crise edipiana não encontra uma solução satisfatória. Em todas elas (orga-

nizações oral, anal e fálica), você enfatizou como a pulsão busca uma gratificação absoluta e desmesurada, e como tais demandas convocam o objeto a dar algum tipo de resposta. Estas, contudo, não dependem da vontade do objeto; ao contrário, trazem a marca de sua sexualidade inconsciente. Por isso, as respostas podem ser mais ou menos adequadas àquilo que a criança coloca em jogo a cada momento. Você enfatizou que uma resposta inadequada é, essencialmente, aquela em que o adulto atua com a criança aspectos recalcados da sua sexualidade.

Se é que entendi, em vez de apaziguar o erotismo infantil, tais atuações excitam ou frustram a criança além da conta, e, nesse sentido, podem ser consideradas traumáticas. Em consequência, a criança terá maior dificuldade em elaborar e integrar o que está em jogo de sua própria sexualidade em cada momento de seu desenvolvimento psicossexual. Em vez disso, o conjunto da experiência vinculada ao par pulsão-objeto será recalcado. Assim se originam os pontos de fixação: eles fixam fantasias sexuais nas quais se combinam aspectos da sexualidade inconsciente do adulto e a sexualidade da criança.

Em poucas palavras: na organização oral, a fantasia de um seio capaz de gratificação inesgotável produz o desejo de engoli-lo. Na organização anal, a fantasia sadomasoquista se traduz, na versão sádica, como desejo de dominar, controlar e submeter o objeto, e na versão masoquista, de ser humilhado e/ou submetido. Na organização fálica, a fantasia erótica se expressa como desejo de exibir o falo ao olhar fascinado do outro.

Na clínica, essas fantasias eróticas aparecem tanto nas associações quanto na transferência. Você falou da paciente do bolo, do masoquismo moral de Rubens e trouxe exemplos do cotidiano em que a lógica fálica predomina: o Facebook, o fascínio das meninas e das mulheres pelo brilho, a absoluta importância que mulheres e homens dão ao corpo e à aparência. Você disse também que o projeto fálico encontra seu limite quando a criança descobre a diferença entre os sexos, o que abre caminho para a eclosão da crise edipiana.

Esqueci alguma coisa importante?

Nem eu mesma conseguiria sintetizar o que disse de maneira tão clara e organizada como você! Aliás, venho acompanhando seu desenvolvimento desde aquela nossa primeira conversa sobre transferência. Acho importante comentar que você evoluiu muito.

Sinto que minha clínica vem amadurecendo.

Gostaria de acrescentar algo importante, mas não foi você que esqueceu: fui eu. Como estava preocupada em explicar como se constituem os pontos de fixação oral, anal e fálico, eu me ative às dificuldades na integração do erotismo pré-genital. Esqueci de mencionar que, quando suficientemente integrados, o prazer oral, anal e fálico não apenas faz parte, como também enriquece a vida sexual dos adultos.

Vamos em frente. Continuo me baseando na pequena história da subjetividade apresentada por Roussillon (2007).

O que significa "entrar no Édipo"? Significa que a criança descobriu a diferença entre os sexos e sua nova estratégia em busca do TUDO será tentar "fazer par" com o genitor do sexo oposto. Lembre-se que ao lado do Édipo positivo há também o Édipo invertido, igualmente fundamental e estruturante. A tentativa de "fazer par" será com o genitor do mesmo sexo, colocando em marcha uma dinâmica própria, que se articulará com a do Édipo positivo.

A sexualidade humana é realmente muito complexa!

Com certeza, e, para facilitar nossa conversa, vou falar só do Édipo positivo. É impossível falar de TUDO!

Se a criança não pode o TUDO sozinha, não tem problema; ela finalmente chegará lá com o papai ou com a mamãe. E, então, a criança usará todas as estratégias possíveis para seduzir o genitor escolhido e separar o casal parental. O conjunto dessas estratégias configura a crise edipiana, pois a tentativa de "fazer par" começará a fazer barulho com suas demandas desmesuradas de gratificação pulsional e ocupará o centro da vida familiar.

Lembro de uma cena encantadora que traduz bem o que você está dizendo. Era um jantar na casa de uns amigos. O anfitrião tinha uma filha de uns 5 anos, que estava acordada. Lá pelas tantas, ela apareceu na sala com batom vermelho na boca. Todos acharam uma gracinha. Em seguida, aparece com os olhos pintados. Todos acharam uma gracinha. Na sequência, ela vem com a bochecha toda pintada de vermelho, mas aí já era um exagero, uma caricatura. Gentilmente, o pai lhe disse que agora ela já tinha mostrado como era bonita e que estava na hora de ir para cama, pois o jantar era para os adultos.

Lindo exemplo de como a excitação da criança pode ser amplificada pela resposta dos adultos, e depois acalmada pela do pai. Veja o par pulsão-objeto funcionando! Os adultos achavam uma gracinha, mas o que ela entendia era que a sedução estava funcionando e que se tentasse um pouco mais, seria bem-sucedida. O pai percebeu que ela tinha ficado excitada demais com os elogios, que ela precisava ser acalmada e lembrada da diferença entre as gerações.

Quer dizer que a crise edipiana é o conjunto desses comportamentos mais ou menos evidentes. E como a criança sai dessa crise?

Por um lado, ela vai precisar encontrar no seio das interações familiares os limites para seu projeto de "fazer par" com um dos genitores: o casal tem que ser, claramente, aquele formado pela mãe e pelo pai. Por outro, ela vai precisar encontrar saídas simbólicas para essa impossibilidade, de modo a poder realizar, no plano das representações, o que ela não pode realizar em ato.

São essas duas ideias que gostaria de desenvolver agora.

Do lado dos limites, ela vai precisar descobrir que não é possível "fazer par" por dois bons motivos. Primeiro, porque ela é imatura sexualmente, ou seja, há uma diferença inelutável entre as gerações. E, segundo, porque os pais já formam um casal entre si, ou seja, o objeto do desejo já tem par e ela está excluída.

Mas está incluída como filho!

Claro, e isso é uma condição fundamental, pois ajuda a tolerar a exclusão do casal constituído. Do lado das saídas simbólicas, ela vai precisar renunciar, não ao desejo, como se costuma dizer, mas a *certa forma* de realização do desejo. Mas isso só poderá acontecer se ela descobrir uma compensação, até que bastante razoável – aqui entra o trabalho psíquico que cabe a ela, e só a ela. Se tudo der certo, ela descobre, com a ajuda do ambiente, que pode realizar seu desejo com muitos outros objetos que *representam simbolicamente* o original.

Do que depende o sucesso desse trabalho psíquico?

É bom lembrar que o sucesso da travessia edipiana é sempre parcial, tanto que falamos em formas de funcionamento psíquico normoneuróticas. Aliás, a normalidade inclui passagens pela neurose e pela psicose, uma vez que ninguém é normal o tempo todo. Mas é claro que há neuroses mais ou menos graves, nas quais esse trabalho fracassou. Basta ver os dois pacientes que você mencionou logo no começo da nossa conversa: um que achava que as mulheres que ele desejava eram "muita areia para o caminhãozinho dele" e não eram para o "bico" dele; e o outro que fugia das mulheres que o desejavam sexualmente.

O trabalho psíquico que leva a uma resolução satisfatória da crise edipiana depende de duas condições ligadas ao desenvolvimento precoce, e duas que têm a ver com as circunstâncias atuais.

Falamos bastante sobre as condições *anteriores* na conversa sobre trauma e simbolização, por isso, vou apenas indicá-las:

1. A função simbolizante precisa ter sido instalada.

2. A diferença eu/não eu precisa ter sido descoberta, isto é, a criança precisa ter conseguido sair do narcisismo primário.

As condições *atuais* são aquelas que precisam ser encontradas no ambiente familiar durante a crise edipiana:

1. As respostas que o ambiente dará às tentativas desmesuradas de "fazer par" com um dos genitores precisam ser adequadas, com uma modulação suficiente de gratificações e de frustrações, de exclusões e de inclusões por parte do casal parental. Excessos de qualquer tipo serão traumáticos e dificultarão o trabalho psíquico que a criança tem de realizar para resolver a crise edipiana.

2. O trabalho psíquico da criança precisa ser suficiente para que ela consiga:

    - fazer o luto do projeto de "fazer par", descobrindo a diferença entre as gerações;

- ser *como* o papai e *como* a mamãe a partir das identificações, em vez de ser papai ou mamãe "de verdade";

- constituir o supereu, graças ao qual a criança vai aceitar que não pode ter tudo, do jeito que ela quer, na hora que ela quer (é o que chamamos de *incesto*); e muito menos eliminar tudo o que se interpõe entre ela e a gratificação absoluta (o que chamamos de *parricídio*);

- constituir o ideal do eu, transferindo o desejo edipiano para novos objetos de desejo fora do círculo familiar. A gratificação pulsional passa a ser possível graças à sublimação, e a criança entra na latência.

Nossa, um trabalho e tanto para uma criaturinha que só tem 4 ou 5 anos!

Pois é! Vou tentar desenvolver essas ideias passo a passo.

Podemos, então, começar falando das respostas do ambiente às demandas pulsionais da criança edipiana?

Sim. Lembro que essas demandas são sempre desmesuradas, porque a criança está tentando recuperar o TUDO do narcisismo primário, o que não facilita a função dos pais.

A criança vai precisar ser um pouco bem-sucedida na sedução do genitor do mesmo sexo para confiar em sua capacidade de sedução. Mas não pode ser bem-sucedida demais, pois isso a deixará excessivamente excitada e angustiada. Ela precisa receber indicações claras do que pode e do que não pode. O pai daquela menininha é um bom exemplo de resposta adequada. Gostei de como ele acalmou a menininha, explicou que o jantar era para adultos e a colocou para dormir.

Os limites às tentativas de namorar um genitor, ou de excluir o outro, precisam ser colocados com tato e sensibilidade, mas de maneira firme e clara. Os pais precisam ter conseguido elaborar razoavelmente o próprio Édipo, serem capazes de estabelecer relações triangulares e terem internalizado a proibição do incesto. Caso contrário incluirão ou excluirão demais a criança. Como sabemos, nem papai deve dar a entender que prefere a menininha à mamãe, nem mamãe deve dar a entender ao menininho que gosta mais dele do que de papai. Mas em todas as situações é preciso que tenham um lugar claro de acolhimento e sustentação do filho como terceiro.

A paixão dos pais pelos filhos é bem difícil de ser administrada, sei disso por experiência própria! (Risos.)

(Risos.) Eu também! A verdade é que damos muito trabalho psíquico aos nossos filhos! Um pai que não integrou bem o seu Édipo vai atuá-lo com a filha ou com o filho. A menina sedutora ou o menino apaixonado receberão como resposta mensagens enigmáticas que têm a ver com as fantasias sexuais inconscientes do pai.

O pai poderá aceitar “fazer par” com a menininha sedutora, excluindo a mãe de forma mais ou menos sutil. No seu exemplo do jantar, o pai poderia convidar a filha a participar do jantar e sentá-la no seu colo, ou ao seu lado, em vez de acalmá-la e levá-la para dormir. Pior: os pais poderiam brigar, a mãe querendo que ela vá dormir, o pai querendo que ela fique no jantar. Eis o casal separado, incapaz de sobreviver como casal à crise edipiana.

Ou então ele poderá ficar apavorado com a sedução da menininha, que evoca, inconscientemente, a sedução da própria mãe. Nesse caso, irá responder rejeitando brutalmente as tentativas de sedução da filha. Já no primeiro batom, ele a teria mandado tirar aquela porcaria da cara, "coisa de vagabunda". Além de se sentir humilhada, a menina não entenderá nada, pois se trata de uma fantasia do pai e não dela. São exemplos de como a criança pode ficar capturada na sexualidade dos pais.

Como a minha paciente do bolo. Você fez a hipótese de que a mãe, por motivos dela, teria atuado seu desejo de prolongar a amamentação na forma de "fazer bolo juntas". Mas imaginamos que outra mãe poderia se defender do mesmíssimo desejo proibindo doces em casa. Nos dois casos, o significante "bolo" é enigmático e excitante.

Isso mesmo. No fundo, somos todos normoneuróticos, porque é impossível que os pais não atuem em algum grau suas questões inconscientes com os filhos. Mas há algumas atuações que são bem problemáticas.

Por exemplo?

Há casais que são extremamente fechados em si mesmos, o que mata na raiz a esperança de "fazer par" e complica a crise edipiana logo de saída. Outros transformam em gozo pessoal, quer dizer, perverso, o jogo de sedução da criança. Na situação do jantar, acharam as tentativas de sedução da menina "uma gracinha". Para um perverso, cujo recalque é insuficiente, a natureza sexual dos avanços da menininha é evidente demais, e a palavra "gracinha" poderá ter conotações francamente pedófilas que não passarão despercebidas para ela.

Enfim, como já foi dito a respeito da organização oral, anal e fálica do par pulsão-objeto, as respostas inadequadas às demandas desmesuradas se devem a elementos recalcados, que são atuados e produzem uma excitação além da conta ou frustração excessiva.

Isso dificultará o trabalho psíquico que a criança tem de realizar para encontrar uma solução para a crise edipiana. Ficará mais difícil integrar o próprio desejo se ela estiver presa no desejo dos pais.

Vamos falar agora desse trabalho psíquico? Imagino que a criança vai precisar brincar muito de papai e mamãe...

Isso mesmo. Quando bem-sucedido, esse trabalho resultará na instauração do supereu e das capacidades de simbolização. Vejamos: quando a criança já desenvolveu anteriormente sua capacidade para brincar, e as respostas do ambiente são suficientemente adequadas, ela colocará essas questões em jogo brincando de papai e mamãe. Isso é fundamental para que consiga representar e realizar de forma simbólica o que não pode ser realizado em ato.

Nisso, ela vai constituindo as necessárias identificações com as figuras parentais, que também são formas simbólicas e intrapsíquicas de ser como papai, no caso dos meninos, o que os habilita a encontrar parceiras que são como mamãe. O "como" faz toda a diferença no sentido de possibilitar uma vida sexual adulta satisfatória.

Além do brincar, que é um recurso intersubjetivo, a sublimação é um recurso intrapsíquico precioso na medida em que torna a criança capaz de ter prazer investindo a representação no lugar do TUDO. É o que mencionei anteriormente, quando falava do ideal do eu, e que você traduziu na teoria da cenoura colocada na frente do burro.

À medida que todo esse trabalho psíquico vai sendo realizado, o projeto de "fazer par" com o genitor do sexo oposto vai sendo abandonado e a crise edipiana vai sossegando. A criança vai entrando na latência.

Quer dizer que a neurose se instala quando esse trabalho psíquico fracassa?

Sim. Em vez de encontrar uma saída simbolizante para a crise edipiana por meio das identificações com as figuras parentais, e com os recursos da sublimação, a criança vai empacar na crise, que se prolonga indefinidamente, complicando a adolescência. De alguma maneira, e com a "ajuda" dos elementos inconscientes parentais, o desejo recalcado se fixa nos objetos edipianos. A criança, e depois a criança-no-adulto, continua acreditando que é possível e, por isso, continua desejando fazer par com equivalentes das figuras parentais: professores, cantores ou atores famosos, empresários poderosos, políticos influentes e outros que ocupam uma posição assimétrica na relação com o sujeito.

Uma amiga se apaixonou pelo personal trainer. *Imagino que seja pelo mesmo motivo.*

Note que a interdição não precisa ser "objetiva", como um professor, cuja ética o impede de se relacionar com uma aluna. Uma mulher muito bonita, famosa, rica – "poderosa" – não ocupa uma posição assimétrica nem é realmente proibida. Contudo, o neurótico a vê como inatingível. E justamente essas pessoas inatingíveis serão as mais desejadas, porque contém a promessa do "orgasmo cósmico", isto é, da realização do incesto. Como o supereu sabe disso, e sua missão é proteger o ego e impedi-lo de entrar em combustão, ele veta a mulher "poderosa". Mas quando o neurótico consegue, apesar de tudo, conquistar a mulher inatingível, ela deixa de ter esse *status* e o desejo morre, comprovando que ele estava mesmo fixado nos equivalentes edipianos.

Veja o drama: quando não há interdição, não há desejo; quando há interdição, há desejo, mas há conflito e censura, o que resulta em inibições sexuais, e o desejo não pode ser realizado. Esse é o miolo da neurose.

Entendo que as inibições sexuais dos meus dois pacientes, aqueles que mencionei no começo da nossa conversa, têm a ver com tudo isso.

Acho que sim. Para o primeiro analisando, a mulher que é vivida como "muita areia para o caminhãozinho" é um equivalente da mãe. É como se, com ela, ele fosse ter um orgasmo cósmico que mata ou enlouquece. Note que, na fantasia incestuosa, ela é "muita areia", há um excesso. O termo "caminhãozinho" não deixa dúvidas de que ele sabe que, do ponto de vista do desenvolvimento psicossexual, ainda é uma criança. A expressão "não é para meu bico" também: tais mulheres são para "bicos" maiores do que o dele, como o do pai.

O segundo analisando foge das mulheres que o desejam porque se angustia frente aos equivalentes edipianos. Pode encontrar as melhores racionalizações, como importância de ser monogâmico, mas a verdade é que ele se submete às proibições do supereu com medo da castração. Note que "fugir" não é uma escolha, é um impulso, mostrando que algo ligado à sexualidade não está suficientemente integrado.

Outra consequência desse empacamento é que, como a gratificação genital ficou mais ou menos interditada, a criança vai regredir a modos de gratificação anteriores, ligados aos pontos de fixação oral, anal e fálico. Já vimos tudo isso antes.

Poderia falar um pouco mais sobre o supereu? Sei que é um supereu diferente que você escreveu. Como é o nome do texto mesmo?

O texto se chama *Contribuições a uma teoria sobre a constituição do supereu cruel* (MINERBO, 2015). Era sobre o supereu psicótico, que ataca, desqualifica, destrói e desorganiza o eu.

Já esse aqui, o supereu herdeiro do Édipo, pode até ser muito rígido e atrapalhar, mas não deixa de ser estruturante. Deixa claro o que pode e o que não pode, e empurra a criança para o mundo com bons conselhos. Nesse sentido, tem um papel protetor que dá segurança.

Como assim?

Vou tentar reproduzir para você o que seria a voz "em *off*" do supereu edipiano.

> *Você não pode realizar o desejo de 'ser/ter tudo', isto é, de gozar ilimitadamente sem restrições de qualquer tipo (chamamos isso de incesto); nem pode realizar o desejo de eliminar tudo o que atravessar o seu caminho, atrapalhando esse projeto desmesurado (chamamos isso de parricídio). São dois limites que você não pode transpor. Não é nada pessoal, pois na verdade ninguém – nem papai, nem mamãe – pode gozar assim sem ficar louco ou morrer. Mas, como todo mundo, você pode realizar esses dois desejos simbolicamente – você pode realizá-los de forma sublimada. Primeiro, criando com os instrumentos disponibilizados por sua cultura um ideal do eu, um projeto de vida fora da família, que vai te dar prazer, inclusive um sentimento de relativa completude quando for conquistado. E, segundo, lutando – dentro das regras que regulam o convívio social – uma luta perfeitamente*

> *legítima para conquistar seu objetivo. Tudo o que você conquistar com o seu esforço será fonte de prazer, mas lembre-se de que ele será sempre parcial. Contente-se com isso, é o melhor que a vida pode lhe dar em termos de felicidade (a isso chamamos castração simbólica).*

Acho que entendi por que esse supereu é estruturante e protetor, ao contrário do outro – que, infelizmente, conheço bem! (Risos.) Destrutivo e desorganizador.

E o que seria a castração simbólica?

Antes, vou dar uma breve explicação sobre a castração não simbólica. Seria uma punição real e concreta para a transgressão dos limites. Por exemplo, medo de ficar doente por ter conseguido transar com a garota mais cobiçada da festa. Já a castração simbólica é vivida em outro plano. Deixe-me ler um pequeno trecho do Roussillon que esclarece essa ideia:

> *A aceitação da "castração simbólica", a aceitação das formas de realização simbólicas do desejo, representa um modo de compromisso essencial, fundamental, que permite [ao sujeito] não renunciar à realização dos desejos, mas de renunciar somente a certas formas de realização, de consumação [do desejo]* (ROUSSILLON, 2007, p. 171).

Quer dizer que o supereu pós-edipiano não é bem um chato que proíbe o que a gente mais deseja. Ao contrário, ao encarnar a castração simbólica, ele abre as vias para a realização parcial do desejo.

Sim, porque em vez de ver as mulheres bonitas e inteligentes como equivalentes edipianos, que não são para o "bico" dele, o sujeito as vê simplesmente como mulheres bacanas, perfeitamente possíveis, que ele pode desejar sem entrar em conflito com o supereu. Não há a expectativa de um orgasmo cósmico. Por isso, uma vez conquistadas, nada o impede de continuar a desejá-las.

O supereu tem a função de interditar não apenas o desejo de gozar de forma absoluta, desejo incestuoso, mas também o desejo de eliminar todos os obstáculos à realização desse desejo, desejo parricida. Eu trouxe dois exemplos do primeiro. Você teria algum exemplo do segundo?

Quando a castração simbólica não aconteceu de modo suficiente, a luta para conquistar algo muito desejado é confundida com uma luta para eliminar mesmo o pai, e não um assassinato simbólico. O desejo entra em conflito com o supereu e produz culpa e inibições. Veja só: Raul quer trocar de carro. O dele já deu o que tinha que dar; foram 10 anos de bons serviços prestados. Agora que ganhou dinheiro, quer comprar um carro "bem bacana". Mas está muito triste em ter de abandonar o carro velho. Mais do que triste, se sente culpadíssimo em fazer uma "sacanagem" dessas com ele. "Se fosse uma pessoa, eu estaria arrasado", ele comentou. Por sorte, a rede associativa do neurótico costuma ser rica em representações. Raul se lembra de uma música na qual, ao fim do ano letivo, um caderno usado pede ao aluno que passou de ano para não se esquecer dele.

Raul quer um carro novo, mas morre de culpa de ter de "matar" o velho. O aluno quer passar de ano, mas para isso terá que aposentar o caderno usado, o que produz culpa. Quando a castração simbólica não está bem instalada, em vez de matar o pai simbolicamente, o neurótico sente que o está matando concretamente a cada vez que conquista algo muito desejado. Note que as respostas concretas do pai durante a travessia edipiana podem ajudar ou atrapalhar a elaboração do assassinato simbólico. É fundamental que ele consiga lidar com a rivalidade e a agressividade do menino sem retaliações, mas também sem se retirar do vínculo ou se deixar abater. Quando o pai é muito fraco ou excessivamente violento, ele não sobrevive à rivalidade e a criança edipiana terá dificuldades em realizar o trabalho psíquico requerido (MINERBO, 2014).

Naturalmente, trocar de carro não produziria conflitos se ele não estivesse empacado no meio da travessia edipiana. Assim como um homem normal pode perfeitamente desejar uma mulher legal, sem confundi-la com um equivalente edipiano, ele poderia perfeitamente ter o que deseja sem sentir que está matando o pai. Infelizmente não é o caso de Raul.

Belíssimo material clínico! O que você diria a ele, depois de ouvir tudo isso?

Eu diria que ele tem certa razão em sentir culpa, mas quem sabe o carro velho poderia ficar feliz por ele estar de carro novo, e o caderno usado, por ele ter passado de ano.

Acho que podemos parar por aqui. Conforme prometido, nossa próxima conversa será sobre sofrimento narcísico.

6. Sofrimento narcísico

Olá, caro colega! Sobre o que gostaria de conversar hoje?

Não sei bem como formular o tema. Talvez você possa me ajudar, se eu apresentar uma situação clínica que me mobilizou nesta semana. Senti que me faltavam instrumentos teóricos para compreendê-la e para intervir de uma maneira mais produtiva.

Vamos lá! Aprecio essa atitude de ir atrás de novos instrumentos teóricos para dar conta das questões que surgem na sua clínica.

Maria e sua melhor amiga se conheceram na faculdade. As duas trabalharam um tempo depois de formadas e depois pararam para se dedicar aos filhos. Recentemente, a amiga voltou a trabalhar fora de casa. Diante disto, minha paciente desmoronou. Falou em desistir da segunda faculdade na qual está quase se formando, porque, de repente, sua pretensão de voltar ao mercado de trabalho lhe parece ridícula; quase cancelou a festa que estava organizando para comemorar seu aniversário; não tinha mais forças para sair da cama de manhã. Ao mesmo tempo, ela percebe perfeitamente o absurdo de tudo isso e está assustada com o que ela mesma chama de "surto". Também não tem mais vontade de se encontrar com a amiga, que agora se veste como uma executiva.

Podemos descrever esse tipo de experiência emocional como um estado psicótico ou funcionamento psicótico da mente. É um nome genérico. Neste caso específico, prefiro falar em colapso narcísico, porque diz exatamente o que é: o eu (ou ego, dependendo da tradução) desmoronou.

O eu começa a nascer como instância na teoria psicanalítica de Freud, com o texto *Introdução ao narcisismo*, publicado em 1914. Quase dez anos depois, após ter trabalhado com as então chamadas *neuroses narcísicas* – hoje falaríamos em funcionamento psicótico –, Freud (1975c) propõe um segundo modelo do aparelho psíquico formado por eu, isso e supereu. Neste modelo, o eu vai se constituindo, seja como diferenciação do isso, seja como precipitado de identificações.

Depois, a constituição do eu continuou a ser estudada por outros autores, com o foco na qualidade das relações intersubjetivas, já que o objeto é também um sujeito, dotado ele mesmo de um inconsciente. Esse processo pode ter sido marcado por situações traumáticas que obrigaram o eu, desde muito cedo, a lançar mão de defesas que o fragilizam, como parece ser o caso de Maria. Um dos elementos mais importantes na constituição do eu é uma forma específica do prazer arcaico: a *satisfação recíproca e compartilhada* por mãe e bebê na "coreografia" e "conversação" primitivas (ROUSSILLON, 2004). Quando bem-sucedidas, o bebê se sente belo e bom, de bem com a vida, bem na própria pele; e quando fracassa, ele começa a se sentir feio, mal e portador de um mal-estar, de um mal em ser, em existir. Satisfação recíproca compartilhada: grande sacada, não é?

Você me pediu para ajudá-lo a formular o tema de hoje. Sua vinheta traz uma situação de sofrimento narcísico, no qual o sentimento de ser e de existir não está assegurado. É o sofrimento ligado às falhas na constituição do eu e à tarefa cotidiana de sobreviver frente a situações vivenciadas como ameaça à sua integridade.

Associei isso que você disse a uma cena que presenciei neste fim de semana. Minha sobrinha de um ano estava chorando. Minha cunhada não entendia o que a menina queria e começou a berrar com ela: "você está me deixando louca!". Fiquei pensando em como essa cena, que deve se repetir todos os dias, seria registrada no psiquismo em formação, e que consequências poderia ter quando ela fosse maior.

Sua associação é importante, porque nos remete às origens históricas do sofrimento narcísico. Vamos imaginar que sua cunhada, em função de suas próprias questões inconscientes, se sinta acusada pelo choro da criança, ou que se angustie por não saber mais o que fazer para acalmar a filha. Seja como for, o narcisismo dela está ameaçado pelo choro, e então ela se defende atacando o narcisismo da criança. Percebe que não há satisfação recíproca compartilhada?

Eu me senti mal quando presenciei a cena.

Você se identificou com a criança. Imagino que tenha se angustiado ao perceber que a mãe estava evacuando seus elementos-beta no psiquismo da filha. Você registrou corporalmente o ódio inconsciente e o ataque contra o eu da criança contidos nesse tipo de identificação projetiva.

Como tudo isso está ligado ao inconsciente da própria mãe, sua sobrinha não tem como dar qualquer sentido ao que está acontecendo. Mas ela registra o conjunto dessa experiência emocional:

a intensidade do ódio da mãe contra ela; as palavras que a acusam de alguma coisa; a percepção de que seu desconforto manifestado como choro é vivido pela mãe como um ataque; o próprio terror de ser destruída por aquela pessoa de quem depende para viver; enfim, se sente mal na própria pele.

Diga-se de passagem que a experiência traumática vivida por sua sobrinha ficará registrada, mas não simbolizada, constituindo o próprio material psíquico inconsciente que, mais tarde, será transferido para novos objetos ou situações de vida, incluindo-se aí a situação analítica. Ou seja, quando falamos em transferência – estou falando especificamente da transferência narcísica (MINERBO, 2012) –, trata-se da transferência dessas inscrições precoces, o que produz estados alucinatórios e/ou atuações violentas. A transferência narcísica, também chamada de transferência psicótica, nos conta a história do sofrimento que a criança experimentou na relação com seus objetos primários – tudo isso antes que ela pudesse dar sentido ao vivido.

Gostei da ideia de que a transferência ligada ao sofrimento narcísico pode ser entendida como tentativa de contar uma história que ficou sem palavras. Mas qual é o destino que minha sobrinha vai dar à experiência emocional traumática de ser alvo das identificações projetivas da mãe? Suponho que ela precisará se defender desse excesso que a invade.

Para responder de modo rápido, vou me basear na metapsicologia freudiana para dividir artificialmente a experiência de ser alvo de identificações projetivas da mãe em duas vertentes, cada uma ligada a um tipo de defesa.

A vertente *econômica*, pulsional, é aquela dos afetos em estado bruto que foram berrados, evacuados pela mãe e que atacaram o eu da criança (a fúria que a criança percebe na mãe). A defesa que a criança usará para alojar essa carga tóxica em seu psiquismo é a cisão ou clivagem (FREUD, 1975a). Esses afetos clivados passarão a fazer parte do isso. Quando forem repetidos na transferência, retornarão na forma de violência, destrutividade e impulsividade (a assim chamada pulsão de morte), encontradas em certas formas de funcionamento psicótico.

E uma vertente *dinâmica* é aquela em que a criança se defenderá da identificação projetiva, identificando-se àquilo que está sendo forçado para dentro dela a partir da mensagem "você está me deixando louca!". Embora contenha elementos-beta que, na verdade, refletem o funcionamento mental da mãe, a mensagem será internalizada como se dissesse respeito à criança. A experiência deixará como resíduo duas identificações complementares: com o agressor e com o agredido. Ambas constituirão o supereu.

O termo *identificação com o agressor* saiu de moda, mas acho que ele é muito útil para entender como se dá a internalização do vínculo tanático, que instala a relação com o objeto traumatizante no seio do aparelho psíquico. Segundo o *Vocabulário da psicanálise* (LAPLANCHE; PONTALIS, 2001), o termo foi cunhado em 1932 por Ferenczi e descrito por Anna Freud em 1936, que observou como nas brincadeiras de criança o agredido se transforma em agressor.

Como eu dizia, essa divisão é artificial, pois, na prática, quando o supereu primitivo se manifesta – você certamente já viu isso na sua clínica –, ele o faz de forma impulsiva, violenta e destrutiva, justamente porque suas raízes são pulsionais. É um supereu pulsional, também chamado pelo fundador da psicanálise de supereu severo e cruel.

Entendo que essas defesas que você acaba de descrever, a clivagem e a identificação com o agressor, são intrínsecas ao processo de constituição do aparelho psíquico. Só que quanto mais o eu incipiente precisar se defender, mais fragilizado ele ficará. Acho que algo assim deve ter acontecido com Maria.

Provavelmente. Aliás, retomando sua vinheta, como foi que ela viveu o fato de a amiga ter arranjado um emprego?

Ela viveu isso como uma evidência de que é uma pessoa incapaz.

Então foi isso que produziu o colapso narcísico! O eu dela sofreu um ataque fulminante do supereu pulsional. Percebe o efeito mortífero desse supereu? Primeiro, ele a acusa de ser incapaz, o que já desorganiza o eu. Depois vem o golpe de misericórdia, quando afirma que pessoas assim não são dignas de viver. Não é à toa que ela não tinha mais forças para sair da cama. Tem gente que pula pela janela em situações desse tipo. Esse supereu é tão importante no sofrimento narcísico, e é tão difícil trabalhar com ele na clínica, que resolvi estudar como ele se constitui. Acabei escrevendo o texto *Contribuições a uma teoria sobre a constituição do supereu cruel* (MINERBO, 2015). Ali trago várias vinhetas da análise dessa mesma paciente.

Você me perguntou sobre o destino do trauma precoce na constituição do eu. É interessante pensar na sua sobrinha e em Maria ao mesmo tempo. Em uma ponta, podemos observar a criança tendo que mobilizar defesas custosas para sobreviver às identificações projetivas da mãe e, na outra, o preço desse processo defensivo: a constituição de um supereu severo e cruel que, ao menor pretexto, ataca o eu de Maria, levando-o ao desespero.

Poderia resumir as ideias que vimos até aqui?

Certamente! O sofrimento narcísico está ligado às falhas na constituição do eu e à ferocidade do supereu. Ambos estão relacionados à extensão e à precocidade das defesas que o eu incipiente foi obrigado a usar para lidar com o trauma precoce. A criança é submetida a identificações projetivas tóxicas por parte de uma figura materna frágil; por isso, falei há pouco sobre vínculo tanático. Para defender seu próprio narcisismo, ataca o eu da criança, o que originará um núcleo psicótico ou não neurótico.

Por falar em eu, quais são as funções dessa instância no aparelho psíquico?

Essa pergunta é fundamental para entendermos as manifestações clínicas do sofrimento narcísico, que são muito variadas.

Em primeiro lugar, o eu é responsável pelas funções egoicas: a capacidade de perceber e avaliar situações para tomar decisões; memória e criatividade; mobilização dos mecanismos de defesa; capacidade de pensar, simbolizar e realizar a função alfa. Talvez sua função mais importante seja a capacidade de gestão da angústia a partir da função simbolizante, porque quando ela "não é lá essas coisas", o sujeito é invadido, se desorganiza psiquicamente e surta, como aconteceu com Maria.

Além dessas, há outro tipo de função egoica: o eu também é responsável pela capacidade de sustentar o investimento em suas fronteiras, mantendo a separação dentro/fora e a diferenciação eu/não eu. Naturalmente, quando as funções egoicas falham, as fronteiras do eu vacilam. E quando o sujeito precisa investir uma energia enorme para manter suas fronteiras minimamente íntegras, as funções egoicas ficam prejudicadas.

Por fim, uma parte do eu que chamamos *self* funciona como *imago* ou objeto interno que permite ao sujeito se relacionar consigo mesmo. Tem a ver com a imagem que o sujeito tem de si, a qual lhe é dada pelas identificações e constitui o que ele chama de *si mesmo* – sua identidade. Não podemos esquecer que a imagem de si deve muito à presença do outro-em-si, na forma dos ideais e do supereu, incluindo as temíveis identificações com o agressor. Geralmente, há uma "homeostase" narcísica, com pequenas oscilações da autoestima para cima e para baixo. Mas há situações de colapso, como vimos com Maria.

Quer dizer que o sofrimento narcísico decorre de falhas nas funções egoicas, da dificuldade em manter a integridade dos limites e fronteiras do eu e dos ataques do supereu ao eu? É, por isso, que o sentimento de ser e de existir está sempre vacilando? É daí que vêm as angústias de fragmentação e aniquilamento? É isto que está em jogo nos movimentos de integração e desintegração?

Exatamente! Note que a distinção entre funções egoicas, fronteiras do eu e *self* é meramente teórica. Na prática, quando a função simbolizante falha, o sujeito é invadido por angústia, as fronteiras do eu vacilam. Quando o supereu ataca o eu, as funções egoicas ficam prejudicadas, porque o sujeito está tentando sobreviver. Em todas essas situações, o eu mobilizará novas defesas para tentar salvar sua integridade narcísica, originando manifestações clínicas muito diferentes entre si: o transbordamento pulsional para dentro (somatizações) e para fora (atuações), a desobjetalização (patologias do vazio) e defesas comportamentais (adições e compulsões). Vou falar disso mais adiante.

O amor ao próprio eu é, sem dúvida, fundamental para a vida. Por outro lado, Freud usa o mito de Narciso para falar do amor pela própria imagem, que o leva à morte. Certos pacientes "muito narcísicos" sofrem porque não conseguem se relacionar de forma satisfatória com as outras pessoas. Afinal, o narcisismo é bom ou ruim?

Essa é uma questão que confunde muitas pessoas. A noção de narcisismo já nasceu com as ambiguidades que você aponta. Confrontado com a questão da paranoia no caso Schreber, de 1911 (FREUD, 1975j), e depois, em *Introdução ao narcisismo*, de 1914 (FREUD, 1975h), Freud faz duas afirmações diferentes em relação ao narcisismo.

Primeiro, diz que é uma fase intermediária entre o autoerotismo e o amor de objeto. Nesse plano, que é metapsicológico, o narcisismo diz respeito ao nascimento do ego e faz parte da evolução normal da libido. Esta, que no autoerotismo se satisfaz de forma anárquica e fragmentária, se unifica, tomando o próprio ego como objeto de amor para, depois, se dirigir aos demais objetos do mundo.

Mas Freud entende também que as então chamadas neuroses narcísicas (demência precoce, melancolia e paranoia) são narcísicas justamente porque seus sintomas podem ser entendidos como regressão da libido a essa fase intermediária de unificação em torno do eu. Passamos, de repente, para o plano da psicopatologia! Por investirem toda a libido no ego, esses pacientes perdem o contato com a realidade.

Assim, nos primórdios da psicanálise, o termo *narcisismo* tanto se refere à evolução normal da libido e à constituição do ego quanto a um problema nessa mesma evolução, um distúrbio na constituição do eu. Em outros termos, e temos que conviver com esse paradoxo, o narcisismo é tanto uma precondição para a relação de objeto quanto algo que se opõe à relação de objeto.

Isto esclarece bastante a confusão que eu fazia em relação ao termo narcisismo. Por isso, confesso que o próprio conceito de sofrimento narcísico não fazia muito sentido para mim.

Voltando à clínica do sofrimento narcísico, o que você disse à Márcia quando ela respondeu que passou a se sentir uma incapaz no dia em que a amiga arranjou um emprego?

Eu disse que ela não via lugar para duas mulheres capazes, só para uma. E que isso a deixava com muita raiva da amiga, a ponto de não ter vontade de se encontrar com ela.

Essa interpretação mostra que a sua teoria implícita é a da rivalidade edipiana. Você está pensando em termos de núcleo neurótico, no qual afloram questões ligadas ao prazer e às suas interdições: só uma (a amiga/figura materna) pode "realizar o desejo", enquanto a outra está excluída, chupando dedo. Mas veja, o colapso narcísico mostra que, nesse momento, a questão está longe de ser edipiana. Ela não quer mais encontrar a amiga, não por raiva, nem por inveja ou rivalidade, mas por vergonha! Ela está se sentindo humilhada por ser uma simples dona de casa diante de uma grande executiva. Teme que a amiga/supereu passe a desprezá-la. Esses afetos nos levam para outra teoria implícita: a da ferida narcísica e a do sofrimento ligado às falhas na constituição do eu.

Não tinha pensado nisto. Sua hipótese me ajuda a entender o que está acontecendo. Seria demais perguntar o que você diria a ela?

Claro que não! Eu diria algo como "você está com medo de perder sua amiga. E para você, perder o amor de uma pessoa tão importante seria o fim".

Faz sentido. Maria começou a falar dessa amiga faz pouco tempo e parece ser a única pessoa em cujo olhar ela, de fato, se reconhece. Adora estar com ela porque as duas se entendem.

Pois é. Uma interpretação na linha que eu sugeri poderia trazer alívio e ajudá-la a restaurar seu narcisismo por duas razões.

A primeira é que lhe permite dar sentido ao seu surto. Se a amiga é vivida, transferencialmente, como fonte de todo o reconhecimento narcísico, dá para entender que ela se desorganize psiquicamente com a perspectiva de perdê-la. Além disso, essa interpretação propicia uma experiência emocional no aqui e agora de que há um objeto, a analista, sintonizada com o sofrimento da criança-nela. Não é preciso explicitar nada, pois ela percebe isso nas entrelinhas da interpretação. A amiga e a analista, nesse momento, representam o mesmo objeto interno: um novo objeto, atento às necessidades do eu e que "se entendem".

Essa interpretação seria um exemplo do que você chamou, naquela nossa primeira conversa, de interpretar a transferência na transferência?

Exatamente. Tudo isso é importante porque, como estamos vendo, o supereu severo e cruel – que quase aniquilou o eu de Maria – é herdeiro de um vínculo precoce inadequado e traumático. Quando o objeto primário não foi suficientemente sintônico, quando não respondeu às necessidades do eu de maneira adequada, quando a coreografia e a conversação primitivas (ROUSSILLON, 2004) fracassaram, e quando o vínculo precoce apresentou características tanáticas no lugar da satisfação compartilhada, então, o sujeito é obrigado a lançar mão de defesas primárias (a clivagem e a identificação com o agressor) que fragilizarão o eu.

Acontece que as defesas primárias não são estáveis nem definitivas. Conforme as situações de vida, elas podem falhar. Aquilo que foi excluído por clivagem, ou que foi incorporado na condição de corpo estranho, pode retornar com força total, retraumatizando o eu. Novas defesas, dessa vez secundárias, tornam-se necessárias para tentar minimizar o sofrimento narcísico, como eu já tinha adiantado há pouco.

Nunca tinha pensado nesses termos. Que tipo de defesas secundárias?

Quando a capacidade de gestão da angústia pelo eu é insuficiente, os afetos em estado bruto podem ser evacuados para fora dos limites do aparelho psíquico. Green (1988a) reconhece dois tipos de transbordamento pulsional:

- "para dentro", no soma, levando a uma desorganização das funções coroporais – os chamados quadros psicossomáticos;
- e "para fora", com atuações mais ou menos impulsivas e violentas que levam a uma desorganização da relação com o outro – são os quadros chamados de *borderline*. Esse termo se refere à patologia dos limites/fronteiras do eu, mas o fracasso maior ou menor das funções egoicas também é patente nessas formas de funcionamento psicótico.

Mas o sujeito pode também se defender do sofrimento narcísico não por transbordamento, mas por um desinvestimento pulsional generalizado. As vivências são de vazio, tédio e apatia, que, para Green (1988a; 1988c), são formas de angústia branca e estão ligadas ao processo de *desobjetalização*. Ao contrário da depressão, em que o sujeito perde a esperança de realizar o desejo, nas patologias do vazio o próprio desejo é abolido. O retraimento produzido pela desobjetalização pode se aparentar também a estados autísticos.

O terceiro recurso defensivo que o eu pode usar para atenuar o sofrimento narcísico pode ser descrito como *comportamental* (MINERBO, 2013b). Esse recurso tende a ser mais aceito socialmente do que o transbordamento e o desinvestimento pulsional, pois o comportamento se confunde com modos de ser culturalmente esperados, e o sintoma fica camuflado. Refiro-me à *adição* a estímulos sensoriais autocalmantes e à *compulsão* que visa produzir próteses identitárias.

Isso me lembra um paciente que eu tive, que era viciado em sexo.

Pois é, a sensação corporal de excitação sexual pode ser usada para atenuar a angústia de fragmentação do eu. Eu tive uma paciente anoréxica que buscava não apenas a magreza, mas principalmente a sensação de fome, estímulo sensorial que servia para manter o eu minimamente integrado. Você certamente já ouviu falar de pacientes que se cortam: a dor também pode funcionar como uma espécie de pele psíquica sensorial que dá algum contorno ao eu.

O vômito nos pacientes bulímicos também?

A alternância entre duas sensações, a plenitude gástrica e o esvaziamento, pode ter a mesma função.

E as pessoas hiperativas?

Veja, não sou especialista nisso, mas imagino que a movimentação incessante e frenética do corpo, e mais especificamente da musculatura, sirva tanto à descarga de angústia quanto como fonte de sensações que garantam alguma coesão psíquica.

E como você pensa as várias compulsões contemporâneas, como comprar coisas de grife, malhar para ter um corpo sarado, navegar na internet, passar horas nas redes sociais?

Estas são um pouco diferentes. Todas essas atividades são buscadas porque, de alguma forma, sustentam a autoestima. Elas funcionam como próteses identitárias. Seu objetivo não é manter o eu coeso graças a estímulos sensoriais que funcionam como pele psíquica, mas amparar uma identidade claudicante. De qualquer forma, adições e compulsões são formas diferentes, mas muitas vezes complementares, de atenuar o sofrimento narcísico.

Quer dizer que todos esses quadros têm em comum o sofrimento narcísico, mas diferem entre si pelo tipo de defesa secundária utilizada para lidar com ele? Eu não tinha uma ideia tão clara e organizada a respeito disso. Este referencial teórico me ajudou a reconhecer essa dinâmica em alguns dos meus pacientes – e também em mim mesmo! (Risos.)

Acho que parte da confusão se deve ao fato de que, depois de Freud, cada autor fez seu recorte e interpretou a obra do fundador da psicanálise à sua maneira. Não por capricho, mas para dar sentido à sua própria experiência clínica. Por isso, é tão importante conhecer como e por que determinado conceito surgiu, como se transformou, qual é seu alcance e quais são seus limites. Tudo isso nos ajuda não apenas a situá-lo melhor, mas também a ter um olhar crítico sobre ele e seu uso na clínica. Espero não aborrecer você com um pouco de história da psicanálise. Você certamente já conhece tudo isso, mas eu gostaria de colocar alguns fatos em perspectiva.

Ao contrário, gostaria muito de ter uma visão de conjunto!

Como vimos brevemente, depois de ter proposto na *Introdução ao narcisismo,* de 1914 (FREUD, 1975h), a unificação das pulsões em torno de um primeiro objeto, o eu, esse novo conceito começou a se impor a Freud, o que o levou a propor em *O eu e o isso*, de 1923 (FREUD, 1975c), um segundo modelo para o aparelho psíquico: eu, isso e supereu. Já no fim da vida, em 1938, em *A cisão do eu no processo de defesa* (FREUD, 1975a), Freud reconhece como é difícil trabalhar com esses pacientes, cujo eu foi precocemente deformado por mecanismos defensivos primários.

Como Klein vê o narcisismo? É uma etapa necessária ao desenvolvimento psíquico ou uma forma de recusa da relação com o outro?

Sua concepção de narcisismo é psicopatológica: ela usa o termo *estado narcísico* e o descreve como uma retirada defensiva da relação de objeto para o objeto interno idealizado. Em função de um cortejo de afetos dolorosos que são despertados na relação com o objeto (medo de depender, ódio pelas inevitáveis frustrações, inveja, angústia de separação), o *self* pode recuar para uma posição narcísica. Segundo Hinshelwood (1992, p. 376), "o uso da identificação projetiva tornou-se quase sinônimo de narcisismo na literatura kleiniana". Mas isso não significa que Klein tenha deixado de lado o plano metapsicológico do desenvolvimento do ego. As posições esquizoparanoide e depressiva descrevem, respectivamente, momentos de fragmentação/desintegração e momentos de maior integração do ego. Ela também mostrou como os mecanismos de defesa primitivos fragilizam o eu e empobrecem as funções egoicas (KLEIN, 2006).

Que outros autores contribuíram para esse debate?

Historicamente, Federn (1952), contemporâneo de Freud, foi o primeiro a falar na importância de investimento libidinal nas fronteiras do eu. Só muitos anos depois, na França, com Didier Anzieu (1988) e seu conceito de eu-pele, o estudo das patologias ligadas às fronteiras do eu foi retomado. Green (1988a) dá continuidade a esse tema com seus estudos sobre as patologias dos limites do eu e os estados-limite da subjetividade. São dele os termos *narcisismo de vida*, para falar do necessário amor de si, e *narcisismo de morte*, para falar da ação da pulsão de morte produzindo a desobjetalização (1988a; 1988c). Roussillon, que foi analisando de Anzieu e colega de Green, dedicou-se ao estudo do que denominou *sofrimento narcísico-identitário*. Quando entrei em contato com suas ideias, achei que eram contribuições tão importantes para o pensamento clínico contemporâneo que até escrevi um texto sobre elas (MINERBO, 2013b).

Na Inglaterra, na esteira da obra de Melanie Klein, foi o campo das funções egoicas que mereceu mais atenção. Winnicott (2000) percebeu claramente um grupo de pacientes cujo eu não pode ser considerado como plenamente constituído como nos neuróticos, e falou em falso *self*. Bion (1962), por sua vez, estudou a constituição de uma função egoica fundamental: a função alfa. Apesar das divergências, cada um, à sua maneira, se debruçou sobre questões ligadas ao sofrimento narcísico e aos distúrbios na constituição do eu.

Nos Estados Unidos, foi Kohut (1984) que percebeu, mais ou menos na mesma época que Winnicott, a importância do investimento libidinal da mãe no ego da criança. Para ele, o narcisismo é uma etapa normal na constituição do eu (as crianças são sempre "narcísicas"), mas quando esse investimento não é suficiente, surgem os distúrbios narcísicos de personalidade ou de personalidades narcísicas. Essas pessoas vivem famintas de reconhecimento ou então se comportam defensivamente, como se fossem a "última bolacha do pacote". Ou seja, continuam se comportando "narcisicamente" como na primeira infância.

E na sua opinião, quem tem razão?

Essa pergunta é muito importante, pois me permite fazer um pequeno, mas fundamental, parêntese epistemológico. A obra do fundador da psicanálise é tão rica que possibilita muitos recortes. Quero deixar claro que considero todas essas contribuições relevantes para o conhecimento psicanalítico. Mas, por ser sempre, e necessariamente, um recorte, *qualquer teoria* terá o seu alcance – quer dizer, o tipo de questões clínicas que ela permite entender e trabalhar – e também seus limites: um recorte é um recorte, é uma parte, e não pode dar conta do funcionamento psíquico como um todo. Aliás, isso vale para todas as áreas do conhecimento.

Os autores escrevem para dar conta de problemáticas psíquicas distintas. A psicopatologia psicanalítica é extremamente variada. Por isso, quanto mais teorias conhecemos, mais "afiamos" nossa sensibilidade clínica e mais nos capacitamos a sintonizar com, e a apreender, uma grande variedade de problemáticas psíquicas. Claro que cada um de nós terá suas preferências e se dedicará mais ao estudo de alguns autores. Por isso, mesmo não podemos esquecer que qualquer teoria, por melhor que seja, está sempre aquém da complexidade da clínica.

Este nosso diálogo, por exemplo, tem a ver com muitos dos autores citados. Li mais uns do que outros, metabolizei o que pude em função da minha experiência clínica e tenho um jeito próprio de falar disso. Provavelmente, se conversarmos sobre esse tema daqui a um ano, eu terei novas coisas a lhe dizer. A gente se renova, não é mesmo?

Pelo menos é o que se espera, especialmente de analistas que têm um papel importante na nossa formação! Voltando ao nosso tema. Em muitas situações você usa o termo sujeito. *Como ele se relaciona com o eu?*

Alguém que morre em decorrência de uma greve de fome está em uma posição subjetiva muito diferente de uma anoréxica, que morre de inanição. O primeiro está disposto a morrer por um ideal. Há um eu-sujeito capaz de fazer escolhas e de se responsabilizar por elas. Já uma jovem anoréxica não quer morrer. A anorexia é um sintoma, ou melhor, um modo de ser sintomático que mostra que algo não está subjetivado. E se não está subjetivado, não dá para falar em escolha. Ela recusa comida, não apenas porque quer se manter magra, mas também porque *precisa se manter faminta*; a sensação de fome é necessária para dar a ela alguma coesão a um eu "desmilinguido". Se nessa tentativa radical de ser/existir, isto é, de constituir um eu, ela chega a morrer, é por acidente. Nesse sentido, não há um eu-sujeito capaz de se responsabilizar pela própria morte, como no caso da greve de fome. Na verdade, preciso relativizar minha afirmação: é claro que essa jovem também tem setores de eu-sujeito bem constituídos, mas o modo de ser sintomático que a leva à morte tem a ver com os setores do eu que não conseguem nascer, vir à luz, se constituir.

Agora ficou bem claro o que seria um eu-sujeito. Quando conversamos sobre transferência, você falou de uma paciente chamada Márcia, que ficava com ódio do marido e atirava um prato nele. Imagino que ela esteja agindo por instâncias psíquicas não subjetivadas, o que nos dá notícias do sofrimento narcísico. Aspectos não simbolizados e não integrados da própria história emocional estão sendo atuados.

Exatamente. Quando ela diz "eu odeio meu marido", será que é um eu-sujeito que está dizendo isso? Acho que não, porque ela dizia que não sabia de onde vinha tamanha irritação e que não conseguia se controlar. E, de fato, essa mulher fina e educada não atira pratos em qualquer um. Na ausência de ameaças, seu eu se mantém integrado e em um funcionamento "evoluído". Mas ela se sente ameaçada na relação com o marido, especialmente quando ele despeja nela suas angústias na forma de acusações injustas. Quando isso acontece, o eu-sujeito é temporariamente desalojado pela invasão do psiquismo por elementos que estão clivados e entra em um funcionamento "primitivo", isto é, não integrado.

E por que ela não tolera ser acusada injustamente?

Márcia não nasceu com "intolerância a acusações"! Temos que supor que algo na história emocional com o seu objeto primário a tornou hipersensível a isso. Talvez ela tenha tido uma mãe como a sua cunhada, que quando fica perseguida pelo choro da criança, a acusa injustamente de estar tentando deixá-la louca. Seja como for, Márcia ficou com esse nervo exposto em função do trauma precoce, isto é, de experiências emocionais que excederam a capacidade de simbolização da criança na época em que aconteceram. Algo dessa relação traumática inicial está sendo revivido e atuado com o pobre do marido, que não consegue entender o motivo de sua esposa odiá-lo tanto em alguns momentos.

Ao atuar, ela evacua a experiência de dor psíquica.

Sim, mas volto a insistir: de que experiência dolorosa se trata?

Que tipo de experiência reedita o sofrimento narcísico? Por que ela não consegue transformar essa experiência, mas consegue transformar tantas outras?

Eu acho que não dá para responder a essas questões sem tentar imaginar quais podem ter sido as marcas deixadas pelos elementos traumáticos da história emocional. Escute só. Teresa procura análise aos 18 anos porque não consegue mais ir para a faculdade nem estar com os amigos; se isola em seu quarto, onde só chora. Nas primeiras sessões, conta que tem nojo de limpar o aquário de seu peixinho, que ganhou de presente, mas não queria de jeito nenhum. Agora fica estressada porque não sabe cuidar dele. Tem medo de dar comida demais ou de menos e que ele morra. Em outra ocasião, fala do nojo que tem do suor – do seu e mais ainda o dos outros. Mais adiante está falando dos sobrinhos e de repente o tema volta: ela tem nojo das fraldas.

O que está sendo transferido para coisas que dão nojo? Lembra-se de nossa primeira conversa? Na ocasião, tentei recuperar uma das dimensões do conceito de transferência: a de deslocamento de intensidade do material psíquico inconsciente para o pré-consciente, tal como Freud propõe na *Interpretação dos sonhos*, de 1900 (FREUD, 1975l). Três historinhas diferentes – o peixe, o suor e as fraldas – funcionam como restos diurnos. Como você vê, o inconsciente insiste, algo se repete.

Além disso, aparecem várias figuras que têm que arcar com tarefas que ultrapassam suas capacidades. Começa com a história de dar comida para o peixinho. Mas, em outra ocasião, ela conta que não conseguiu dizer não para a mãe e acabou aceitando produzir a festa junina do prédio junto com alguns vizinhos. Na hora, todos deram para trás e ela teve que enrolar sozinha uns mil brigadeiros. Há também referências a uma avó com quem se identifica. Os netos são "descarregados" na casa dela no fim de semana e ela acaba tendo que cuidar deles, o que a deixa exausta. Novamente, são três historinhas que contam a mesma história: há uma figura (provavelmente a figura materna) que tem que dar conta de tarefas que estão acima de suas forças.

A escuta analítica parte dos elementos que se repetem e procura reconhecer, ou pelo menos antecipar, um sentido em potencial, um sentido de algo que ainda está por vir e que vai organizar e dar inteligibilidade a este material.

A repetição do tema do nojo sugere que houve algum problema com o corpo.

Também acho. E, certamente, esse problema não veio do nada. Ele tem uma história. Encontrei em um texto de Roussillon uma ideia que me foi particularmente útil para entender esse caso. Ele infere, a partir de sua clínica com adultos, que certas crianças conheceram um tipo particular de rejeição: a rejeição corporal primária.

> *A criança rejeitada corporalmente, ou aquela cuja mãe desenvolve uma fobia ao toque, por exemplo, constrói uma primeira representação de si na qual ela aparece como um "dejeto", uma "merda" para ser ainda mais preciso, e a violência observada se desenvolve como uma reação a esta representação de base* (ROUSSILLON, 2008a, p. 182).

Como você vê, nesse caso, o sofrimento narcísico está ligado a um tipo muito particular de situação traumática.

Mas será que a mãe de Teresa tinha mesmo algum tipo de fobia em relação ao corpo de seu bebê? Será que ela tinha mesmo nojo de trocar suas fraldas?

Não dá para provar nem que sim, nem que não. Mas a (re)construção de uma história na qual a mãe tinha dificuldades com o corpo de seu bebê e, sim, isso funcionou como um elemento tanático no vínculo precoce, faz com que várias peças se encaixem. A (re)construção não ambiciona a verdade dos fatos e, sim, ter valor heurístico, isso é, nos ajudar a imaginar de onde vêm as historinhas que se repetem – e que, como vimos, são sempre a mesma história.

Graças a essa (re)construção, mais um fato se encaixa: Teresa adora dançar. No enquadre proporcionado pela coreografia, o corpo pode ser vivido como algo vivo e prazeroso. É como se ela tentasse compensar alguma falha na libidinização do seu corpo com um "autoinvestimento" corporal por meio da dança. A harmonia dos movimentos e do ritmo lhe dá, talvez, uma sensação de harmonia corporal e alguma coesão egoica – lembra-se de quando lhe falei de sensações corporais que funcionam como pele psíquica?

Não por acaso, Teresa diz que atualmente só gosta de duas coisas: a dança e a análise. Podemos escutar a dança também como uma representação da análise, em que analista e paciente estão, apesar de alguns tropeços, conseguindo sustentar uma coreografia emocional suficiente para ela se sentir bem refletida e mais harmônica consigo mesma. Tenho incentivado nossa colega a não ter medo de se manter aberta e permeável a seu próprio inconsciente e atenta às imagens e associações que surgem no contato com a paciente.

Do jeito que você coloca, o conceito de construções em análise, de Freud, e o de rêverie, *de Bion, parecem ter pontos em comum.*

Eu acho que sim. Em ambos, temos um analista permeável e receptivo a seu próprio inconsciente, e que usa sua imaginação clínica "ativada" pela transferência. A *rêverie* tem a ver com um estado de espírito no qual o analista capta, muitas vezes por meio de imagens, o estado emocional do paciente ou da dupla em sessão. Ogden (2007) descreve muito bem esse tipo de trabalho. Já na *construção*, o analista imagina, a partir da repetição transferencial – por exemplo, a repetição das historinhas –, que tipo de objeto primário aquela criança pode ter tido ou que tipo de situação traumática ela pode ter vivido no vínculo primário.

Mas eu não duvidaria de que Teresa tenha tido *mesmo* uma mãe com nojo das secreções e excreções de seu bebê. É só você lembrar da sua sobrinha: sua cunhada, de fato, sente um ódio inconsciente pela menininha que chora; ela, de fato, a acusa, aos berros, de "estar me deixando louca"; sua sobrinha, de fato, não tem condições de digerir tudo isso. Mesmo assim, o valor da construção em análise não é a verdade factual, mas servir de instrumento para o analista sintonizar com o sofrimento da criança-no-adulto no vínculo primário, que se expressa a partir da repetição das historinhas.

Do jeito que você usa esse recurso, passa muito longe daquela ideia que eu tinha de construção como algo intelectualizado e até meio caricato, do tipo "quando você tinha dois anos...". Pelo que estou entendendo, há também outra diferença: a rêverie *até pode ser comunicada ao paciente, mas a construção é para uso exclusivo do analista.*

Sim, serve para que ele tenha uma mínima compreensão do que está em jogo no sofrimento narcísico de Teresa, que é necessariamente diferente do de outros pacientes. Voltando à sua sobrinha, ela não tem uma mãe com fobia ao corpo do bebê, mas tem uma que parece ter um núcleo paranoico. Nos dois casos, a criança está tendo que alojar elementos-beta que provêm da figura materna. Embora sejam muito diferentes entre si, eles têm em comum o fato de que, de uma maneira ou de outra, atacam o eu da criança – por isso, eu os chamo de tanáticos (MINERBO, 2010). O sofrimento narcísico, que é sempre indício das falhas maiores ou menores na constituição do eu, terá "caras" diferentes em cada caso. Será preciso encontrar palavras que deem sentido à experiência traumática que foi vivida, mas não simbolizada, em cada um deles. Enfim, é trabalho da análise permitir que "o eu advenha", como dizia Freud.

Estudei muito sobre a importância do psiquismo materno na constituição do eu, mas nunca pensei que a mãe pudesse evacuar elementos-beta no da criança. Realmente, faz todo o sentido, já que a mãe também tem um inconsciente e, com certeza, recorre a mecanismos de defesa para lidar com suas próprias angústias. É claro que a mente em formação não tem como metabolizar nem integrar esses elementos. O caso de Teresa ilustra isso muito bem.

Como você vê, a teoria que estudamos nos livros está presente apenas como pano de fundo, mas ela é fundamental para que os elementos colhidos na clínica cheguem a se organizar e a fazer sentido para o analista. A articulação possível entre teoria e clínica se dá por meio do pensamento clínico, tema sobre o qual já conversamos.

E a articulação entre teoria e clínica se dá a partir do pensamento clínico, tema sobre o qual já conversamos.

Chegou a hora de nos despedirmos. Vou sentir sua falta. Seu processo de descoberta me encanta e me comove. Para mim, o importante é estarmos sempre em processo. Foi um prazer compartilhar esse momento de seu percurso como analista.

Referências

ABRAHAM, K. Breve estudo do desenvolvimento da libido, visto à luz das perturbações mentais. In: ______. *Teoria psicanalítica da libido*: sobre o caráter e o desenvolvimento da libido. Rio de Janeiro: Imago, 1970. p. 81-160.

ABRAHAM, N.; TOROK, M. *A casca e o núcleo*. Tradução de Maria José R. F. Coracini. São Paulo: Escuta, 1995.

ANZIEU, D. *O eu-pele*. 2. ed. São Paulo: Casa do Psicólogo, 1988.

BION, W. R. *Learning from experience*. London: Jason Aronson, 1962.

______. Método científico. In: ______. *Cogitações*. Rio de Janeiro: Imago, 2000.

BOLLAS, C. O objeto transformacional. In: ______. *A sombra do objeto*. Rio de Janeiro: Imago, 1992. p. 27-47.

______. De l'interprétation du transfert comme résistance à l'association libre. In: GREEN, A. (Org.). *Les voies nouvelles de la thérapeutique psychanalytique*. Paris: PUF, 2006. p. 695-708.

DISPAUX, M. F. Aux sources de l'interpretation. *Revue Française de Psychanalyse*, Paris, v. 16, n. 5, p. 1461-1496, 2002.

DONNET, J.-L. *La situation analysante*. Paris: PUF, 2005.

FEDERN, P. *La psychologie du moi et les psychoses*. Paris: PUF, 1952.

FERENCZI, S. A criança mal acolhida e sua pulsão de morte. In: ______. *Obras completas*. São Paulo: Martins Fontes, 2011a. p. 55-60. v. 4.

______. Confusão de língua entre os adultos e a criança: a linguagem da ternura e da paixão. In: ______. *Obras completas*. São Paulo: Martins Fontes, 2011b. p. 111-121. v. 4.

______. Reflexões sobre o trauma. In: ______. *Obras completas*. São Paulo: Martins Fontes, 2011c. p. 136. v. 4.

FERRANT, A. Psychopathologie de l'adulte. In: ROUSSILON, R. (Coord.). *Manuel de Psychologie et de Psychopathologie Clinique générale*. Paris: Elsevier Masson, 2007. p. 403-427.

FIGUEIREDO, L. C. Escutas em análise: escutas poéticas. *Revista Brasileira de Psicanálise*, São Paulo, v. 48, n. 1, p. 123-137, 2014.

FREUD, S. Splitting of the ego in the process of defense. In: ______. *The standard edition of the complete psychological works of Sigmund Freud.* Tradução de J. Strachey. London: The Hogarth Press, 1975a. p. 271-278. v. 23.

______. Inhibitions, symptoms and anxiety. In: ______. *The standard edition of the complete psychological works of Sigmund Freud.* Tradução de J. Strachey. London: The Hogarth Press, 1975b. p. 75-176. v. 20.

______. The ego and the id. In: ______. *The standard edition of the complete psychological works of Sigmund Freud.* Tradução de J. Strachey. London: The Hogarth Press, 1975c. p. 1-66. v. 19.

______. Beyond the pleasure principle. In: ______. *The standard edition of the complete psychological works of Sigmund Freud.* Tradução de J. Strachey. London: The Hogarth Press, 1975d. p. 1-64. v. 18.

______. The uncanny. In: ______. *The standard edition of the complete psychological works of Sigmund Freud.* Tradução de J. Strachey. London: The Hogarth Press, 1975e. p. 217-252. v. 17.

______. A child is being beaten. In: ______. *The standard edition of the complete psychological works of Sigmund Freud.* Tradução de J. Strachey. London: The Hogarth Press, 1975f. p. 175-204. v. 17.

______. Remembering, repeating and working-through. In: ______. *The standard edition of the complete psychological works of Sigmund Freud.* Tradução de J. Strachey. London: The Hogarth Press, 1975g. p. 145-156. v. 12.

______. On narcisism: an introduction. In: ______. *The standard edition of the complete psychological works of Sigmund Freud.* Tradução de J. Strachey. London: The Hogarth Press, 1975h. p. 67-104. v. 14.

______. The disposition to obsessional neuroses. In: ______. *The standard edition of the complete psychological works of Sigmund Freud.* Tradução de J. Strachey. London: The Hogarth Press, 1975i. p. 311-326. v. 12.

______. Psychoanalytic notes on an autobiographical account of a case of paranoia (dementia paranoides). In: ______. *The standard edition of the complete psychological works of Sigmund Freud.* Tradução de J. Strachey. London: The Hogarth Press, 1975j. p. 1-84. v. 12.

______. Fragment of an analysis of a case of hysteria. In: ______. *The standard edition of the complete psychological works of Sigmund Freud.* Tradução de J. Strachey. London: The Hogarth Press, 1975k. p. 1-122. v. 7.

______. The Interpretation of Dreams. In: ______. *The standard edition of the complete psychological works of Sigmund Freud.* Tradução de J. Strachey. London: The Hogarth Press, 1975l. p. 509-622. v. 5.

______. Extracts from the Fliess Papers. In: ______. *The standard edition of the complete psychological works of Sigmund Freud.* Tradução de J. Strachey. London: The Hogarth Press, 1975m. p. 173-280. v. 1.

______. Project for a Scientific Psychology. In: ______. *The standard edition of the complete psychological works of Sigmund Freud.* Tradução de J. Strachey. London: The Hogarth Press, 1975n. p. 281-392. v. 1.

______. Studies on hysteria. In: ______. *The standard edition of the complete psychological works of Sigmund Freud.* v. 1. Tradução de J. Strachey. London: The Hogarth Press, 1975o. p. 347-359.

GREEN, A. Pulsão de morte, narcisismo negativo, função desobjetalizante. In: GREEN, A. et al. (Org.). *A pulsão de morte.* São Paulo: Escuta, 1988a. p. 53-64.

______. *Narcisismo de vida, narcisismo de morte.* São Paulo: Escuta, 1988b.

______. *Sobre a loucura pessoal.* Rio de Janeiro: Imago, 1988c.

______. Sexualidade tem algo a ver com Psicanálise? In: ______. *Livro Anual de Psicanálise.* São Paulo: Escuta, 1995. p. 217-229. Tomo VII.

______. *La pensée clinique.* Paris: Odile Jacob, 2002.

______. De la psychanalyse comme psychothérapie aux psychothérapies pratiquées par les psychanalystes. In: ______. *Les voies nouvelles de la thèrapeutique psychanalytique.* Paris: PUF, 2006. p. 15-97.

______. *Orientações para uma psicanálise contemporânea.* Rio de Janeiro: Imago, 2008.

HABER, J.; HABER, M. L'experience agie partagée. *Revue Française de Psychanalyse.* Paris, v. 66, p. 1417-1460, 2002.

HEIMANN, P. On counter-transference. *International Journal of Psycho-Analysis,* London, v. 31, p. 81-84, 1950.

HINSHELWOOD, R. *Dicionário do pensamento kleiniano.* Porto Alegre: Artes Médicas, 1992.

KAËS, R. Realidade psíquica e sofrimento nas instituições. In: YÁZIGI, L. (Org.) *A instituição e as instituições.* Tradução de Joaquim Pereira Neto. São Paulo: Casa do Psicólogo, 1991. p. 1-39.

KLEIN, M. A importância da formação de símbolos no desenvolvimento do ego. In: ______. *Amor, culpa e reparação e outros trabalhos*: 1921-1945. Tradução de André Cardoso. Rio de Janeiro: Imago, 1996a. p. 249-264.

______. Uma contribuição à psicogênese dos estados maníaco-depressivos. In: ______. *Amor, culpa e reparação e outros trabalhos*: 1921-1945. Tradução de André Cardoso. Rio de Janeiro: Imago, 1996b. p. 301-329.

______. Notas sobre alguns mecanismos esquizóides. In: ______. *Obras completas de Melanie Klein*: inveja e gratidão e outros trabalhos. Rio de Janeiro: Imago, 2006. p. 20-43. v. 3.

KOHUT, H. *Self e narcisismo.* Rio de Janeiro: Zahar, 1984.

LAPLANCHE, J. *Teoria da sedução generalizada e outros ensaios.* Porto Alegre: Artes Médicas, 1988.

LAPLANCHE, J.; PONTALIS, J. B. *Vocabulário da psicanálise.* São Paulo: Martins Fontes, 2001.

MINERBO, M. *Neurose e não neurose.* São Paulo, Pearson: 2009. (Coleção Clínica Psicanalítica).

______. Núcleos neuróticos e não neuróticos: constituição, repetição e manejo na situação analítica. *Revista Brasileira de Psicanálise*, São Paulo, v. 44, n. 2, p. 65-77, 2010. Disponível em: <http://pepsic.bvsalud.org/scielo.php?script=sci_arttext&pid=S-0486-641X2010000200009>. Acesso em: 28 fev. 2016.

______. *Transferência e contratransferência*. São Paulo: Pearson, 2012. (Coleção Clínica Psicanalítica).

______. O pensamento clínico contemporâneo: algumas ideias de René Roussillon. *Revista Brasileira de Psicanálise*, São Paulo, v. 47, n. 2, p. 73-84, 2013a.

______. Ser e sofrer, hoje. *Ide*, São Paulo, v. 35, n. 55, p. 31-42, 2013b.

______. Assassinato e sobrevivência do pai. In: COLÓQUIO DE PSICANÁLISE COM CRIANÇAS, 2., 2014, São Paulo. *Atas...* São Paulo: Instituto Sedes Sapientiae, 2014. p. 18-23.

______. Contribuições a uma teoria sobre a constituição do supereu cruel. *Revista Brasileira de Psicanálise*, São Paulo, v. 49, n. 4, p. 73-89, 2015.

OGDEN, T. *On talking-as-dreaming. The International Journal of Psychoanalysis*, London, v. 88, n. 3, p. 575-589, 2007.

______. *Esta arte da psicanálise*. Porto Alegre: Artmed, 2010.

RACKER, H. Observaciones sobre la contratransferencia como instrumento técnico. *Revista de Psicoanálisis*, Buenos Aires, v. 9, n. 3, p. 342-354, 1952.

______. A neurose de contratransferência. In: ______. *Estudos sobre técnica psicanalítica*. Porto Alegre: Artes Médicas, 1982a. p. 100-119.

______. Os significados e usos da contratransferência. In: ______. *Estudos sobre técnica psicanalítica*. Porto Alegre: Artes Médicas, 1982b. p. 120-157.

ROUSSILLON, R. *Agonie, clivage et symbolizatio*n. Paris: PUF, 1999.

______. *Le plaisir et la répétition*. Paris: Dunod, 2001.

______. Jalons et repères de la théorie psychanalytique du traumatisme psychique. *Revue Belge de Psychanalise,* Corbion, n. 40, p. 24-42, 2002.

______. La dépendance primitive et l'homosexualité primaire "en double". *Revue Française de Psychanalyse*, Paris, n. 68, p. 421-439, 2004.

______. (Coord.). *Manuel de Psychologie et de Psychopathologie Clinique générale*. Paris: Elsevier-Masson, 2007.

______. A intersubjetividade e a função mensageira da pulsão. *Revista Brasileira de Psicanálise*, São Paulo, v. 45, n. 3, p. 159-166, 2011.

______. *Le transitionnel, le sexuel et la réflexivité.* Paris: Dunod, 2008a.

______. *Le jeu et l´entre je(u)*. Paris: PUF, 2008b.

______. As condições da exploração psicanalítica das problemáticas narcísico-identitárias. *ALTER – Revista de Estudos Psicanalíticos*, Brasília, DF, v. 30, n. 1, p. 7-32, 2012a.

______. *Manuel de pratique clinique*. Paris: Elsevier-Masson, 2012b.

______. L'empathie maternelle. In: BESSE, A.; BOTBOL, M.; GARRET-GLOANEC, N. (Coord.). *L'empathie au carrefour des sciences et de la clinique*. Nanterre: Doin Éditeurs, 2014. p. 139-150.

STRACHEY, J. The nature of the therapeutic action of psycho-analysis. *The International Journal of Psychoanalysis*, London, v. 15, p. 127, 1934.

WINNICOTT, D. W. Formas clínicas da transferência. In: ______. *Da pediatria à psicanálise*: obras escolhidas. Rio de Janeiro: Imago, 2000. p. 393-398.

GRÁFICA PAYM
Tel. [11] 4392-3344
paym@graficapaym.com.br